Hi! Story

王安石

嗨！有趣的故事

石繼航

Hi! Story

中華教育

【出版說明】

在文字出現以前，知識的傳遞方式主要就是語言，靠口耳相傳的方式記錄歷史與情感表達。人類的生活經歷、生命情感也依靠著「說故事」來「記錄」。是即人們口中常說的「傳說時代」。然而文字的出現讓「故事」不僅能夠分享，還能記錄，還能更好、更廣泛地保留、積累和傳承。

《史記》「紀傳體」這個體裁的出現，讓「信史」有了依託，讓「故事」有了新的準則：文詞精鍊，詞彙豐富，語言精切淺白；豐富的思想內容，不虛美、不隱惡。選擇人物一生中最有典型意義的事件，來突出人物的性格特徵，以對事件的細節描寫烘托人物的情感表現，用符合人物身份的語言，表現人物的神情態度、愛好取捨。生動、雋永而又情味盎然。

「故事」中的人物和事件，從來就是人類的「熱門話題」。她是茶餘飯後的趣味談資，是小說家的鮮活素材，是政治學、人類學、社會學等取之無盡、用之不竭的研究依據和事實佐證。

中國歷史上下五千年，人物眾多，事件繁複，神話傳說與歷史事實並存，正史與野史交錯互映，頭緒繁多，內容龐雜，可謂浩如煙海、精彩紛呈，展現了中華文化的源遠流長與博大精深。讓「故事」的題材取之不盡，用之不竭。而其深厚的文化底蘊如何呈現，怎樣傳承，使之重光，無疑成為《嗨！有趣的故事》出版的緣起與意趣。

《嗨！有趣的故事》秉持典籍史料所承載的歷史精神，力圖反映歷史的精彩與真實。深入淺出的文字使「故事」更為生動，更為循循善誘、發人深思。

《嗨！有趣的故事》以蘊含了或高亢激昂或哀婉悲痛的歷史現場，以對古往今來無數先賢英烈的思想、事蹟和他們事業成就的鮮活呈現，於協助讀者不斷豐富歷史視域和深度思考的同時，不斷獲得人生啟迪和現實思考、並從中汲取力量，豐富精神世界，在實現自我人生價值和彰顯時代精神的大道上，毅勇精進，不斷提升。

【導讀】

王安石，字介甫，號半山，撫州臨川（今江西撫州）人。慶曆二年（一〇四二年），年輕的王安石進士及第。他抱著做一番事業的決心，不求仕途騰達，卻期望將自己的政治才能發揮到地方州縣，就此積累經驗。於是他主動放棄京官之職，在出任淮南判官後，又主動要求外放到偏遠的地區，歷任鄞縣知縣、舒州通判等職，在這些地方，他逐步實踐了自己的政治構想，政績顯著，為百姓所稱道。

之後，王安石被朝廷委任為提點刑獄等職務，工作上也卓有成效，政聲遠播。宋神宗繼位後，王安石得到重用，開始了他一生中最重要的事業——熙寧變法。在宋神宗渴望富國強兵、中興宋朝的情形下，他的變法方案得以推行。熙寧二年（一〇六九年），王安石任參知政事，次年拜相，全面主持和推行變法，包括青苗法、募役法、方田均稅法、農田水利法、市易法、均輸法等。

然而，朝野上下的守舊派，有不少的反對聲音，新法在推行時遭到了質疑和抵制。在以曹太后為首的守舊派反對下，熙寧七年（一〇七四年），王安石被罷相；一年後，被宋神宗再次起用，但在呂惠卿等人的干擾下，旋又罷相，退居江寧。神宗去世後，保守派重新得勢，新法被全面廢止，王安石看盡繁華落真樸之下，病逝於鍾山，追贈太傅。

在文學上，王安石也成就極高，他的散文論據嚴密，峻切精悍，具有強烈的邏輯力與實用取向，說服力高，是政論文的典範，名列「唐宋八大家」當之無愧；他的詩歌含蓄深沉、嫻於典故，在北宋詩壇獨具一格，自成一家，世稱「王荊公體」。其詞作雖然不多，但也有〈桂枝香〉等名作傳世。

無論是在宋代政壇還是宋代文壇，王安石無疑都是一個重量級的人物。他所主導的熙寧變法，是中國歷史上為數不多的變法圖強的事件之一，雖然新法在推行中也出現了一些失誤，而且在守舊勢力的反對下最終歸於失敗，然而，王安石不畏天變、不法祖先、不恤人言的變革創新精神，還是非常值得我們尊敬的。王安石這個名字，也必將光耀史冊，在歷史的天幕中熠熠生輝。

目錄

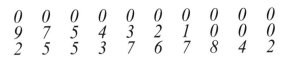

獾郎出世——少年意氣強不羈

一

宋仁宗明道二年（一〇三三年），一隻順風滿帆的江船正沿著贛江北上，時值暮春，兩岸雜花生樹，百鳥啼囀。青山隱隱，舟行景移，如展開一幅巧奪天工的巨幅圖畫。

船頭上坐著一個十來歲的少年，他對周邊的美景視若不見，只是抱書誦讀，琅琅有聲。

這是十三歲的王安石。因為祖父去世，他隨父兄一起從廣東韶州回江西臨川奔喪。眼見日色將暮，父親王益走過來輕拍了一下他的後背，說道：「安石，回艙吃飯了，讀了一天書，也不嫌累？」

王安石意猶未盡地收起書本，來到艙中，只見大哥王安仁和二哥王安道正在分題吟詩，見他進來，大哥王安仁就叫道：「安石，父親經常說你有七步成詩之才，也來和我們一起吟詩吧。」

見王安石只是笑而不語，二哥王安道嚷道：「怎麼，難道是你怕了不成？」

這一下激起了王安石的傲氣，他見小弟王安國正伸手要換掉燃得只剩半寸高的殘燭，當下神態自若說道：「請兄長出題，安石必在此燭燃盡之前吟成，若不然，可罰我抄書十冊。」

父親王益性子極好，見孩子們以詩文為戲，當下也不多言，只是捻鬚微笑。

王安道卻說：「抄書十冊？這事罰別人倒是可以，但安石你卻不同，你一向以讀書寫字為樂，罰你抄書，恐怕是正中下懷啊。」

王安仁也笑著說：「我前天剛讀了一則叫『罰人吃肉』的故事，說唐朝有個叫李載仁的糊塗官，最討厭吃豬肉。有一天，手下有兩個僕人打架，他十分惱火，於是讓人取來豬肉、大餅，罰這兩人吃，一面還狠狠地說：『以後如敢再犯，豬肉裏還要多多放油！』」

講完此事，大家都是哄然大笑，連王安石也不禁莞爾。

這時王益說道：「那就罰安石洗衣灑掃，在這舟中充十日之役。」

兄弟們起哄叫好。王益卻接著說道：「爾等且莫先歡喜，如若安石吟出詩章來，那這十日之役，就歸你們分擔。」

幾個兄弟一聽，當下都噤口不言，小弟王安國說道：「是大哥、二哥他們起的頭，我可沒參與，不關我的事。」

卻聽二哥王安道駁道：「你沒參與？剛才叫好時，你跳著腳喊，喊得最起勁，這可跑不了你。別怕，你看咱們一拖延，這蠟燭眼見就燒沒了。」

這一下提醒了王安石，他急忙問道：「那兄長剛才所吟的是何題目？」

王安仁性子方正，也不故意拖延，當下說道：「我們剛才吟的詩題是歲寒三友，松、竹剛才都吟過，剩下的梅，你來題詠吧。」

眼看那殘燭之焰，搖搖晃晃即將燃盡，小弟王安國突然靈機一動，他悄悄將船上的帳幕揭開一道口子，只見一陣江風急吹入船，那半寸殘燭一下子就滅了。

眾人愕然，王安國正想開口說蠟燭已滅，王安石輸了，卻聽王安石朗聲說道：「父親，二位兄長，詩已經有了。」

春半花纔發，多應不奈寒。
北人初未識，渾作杏花看。

聽王安石吟出這四句，大哥王安仁首先歎道：「三弟真是奇才，寥寥二十字，勝我等千章百句，我們剛才每人寫了一首排律，如今看來，和你這首一比，簡直是池窪比於滄海，螢火見於日月。」說罷，他伸手將剛寫的兩首詩作揉成一團。

王安石忙說道：「兄長過謙了，安石只是偶得佳句罷了，況且吟風弄月之事，於天下蒼生無補，我等讀書報國，當以修身、齊家、治國、平天下為務，詩詞亦末事矣！」

父親王益一聽，讚道：「你倒是說說，如何讀書報國？」

王安石侃侃而談：「讀書在於明理，在於致用。如果死讀書，做一個四腳書櫥，於國於民何用？讀書做官，為的是造福萬民，匡扶社稷。依我看，有些官員空言誤國，尸位素餐，實為竊祿之賊。」

王益聽來，頗有些驚訝，這孩子只有十三歲，怎麼就悟出這麼多的道理，比有些大人還明白。他不禁回想起十三年前，王安石出生的那一日。

二

宋真宗天禧五年（一〇二一年），王益正在江西臨江做一名判官，這一日，北風忽起，陰雲密佈，天氣驟寒。而續娶的妻子吳氏懷胎十月，即將臨盆。

王益忙命人生起炭火，又將本地最有名的穩婆請來，哪知吳氏從早上就腹痛，一直到晚間，還沒有將嬰兒生下來。王益急得額頭冒汗，遵照穩婆的囑咐，買了黃表紙和楮錢（祭祀時所焚燒的紙錢）在「送子觀音」和「註生娘娘」的像前燒化，但還是無濟於事。

穩婆見他焦急，當下勸道：「夫人是頭一胎，難產也是常有的事，老爺不必過於焦急。」

王益追問道：「果真無事嗎？怎麼我前妻徐氏那時候生產卻沒有這樣難？」

穩婆答道：「婦人生產，不要說人人不同，每一胎也不一樣，俗話說：『生產沒有慣家』，就是說女人不管生第幾胎，也難免會遇到難產的情況，這不是木匠、瓦匠做活，做多了就熟練。每次生孩子，就是過一道鬼門關，全靠個人運氣，我們家鄉有句話叫『有福吃雞公，沒福鑽泥洞』。」

聽了穩婆這番話，王益更加驚惶不安，但穩婆隨即把他趕了出去，說：「老爺在前廳等一會兒吧，有陽氣衝撞，孩子也不容易出世。」

王益無奈，只好走出內室的房門。他在前廳桌上假寐了一小會兒，就走到庭院裏踱步，突然見草叢中一陣響動，一團白影鑽了出來，王益定睛一看，似乎是一隻白獾，只見牠倏然躍起，就從西側的窗戶跳入了內室。王益大驚，忙往裏走，剛到內室門口，就聽見一陣清亮的嬰兒啼哭聲。一個僕婦跑出來，差點和王益撞了個滿懷，她喜氣洋洋地說：「老爺，夫人生了，是個小子，大胖小子！」

王益心中大喜，問道：「夫人可好？」

僕婦答道：「夫人沒事，母子平安。」

王益邊說邊衝進了內室，又問道：「那隻白獾呢？」

吳夫人和穩婆都摸不著頭腦，穩婆奇道：「什麼白獾？老爺敢情是看花了眼吧？」

她一邊說著，一邊將襁褓中的嬰兒遞到王益手中。

王益端詳著手中的嬰兒，只見他生得十分可愛，此時已停止了啼哭，他恍然笑道：「小傢伙，難道你就是那隻白獾投生嗎？也算是個異人了，將來必有一番作為。」

吳夫人笑道：「夫君給孩兒取個名字吧。」

王益略加思索，當下說道：「安石不出，奈蒼生何？（謝安不出來主持國家大事，老百姓可怎麼辦呢？）東晉謝安石，是有名的賢相，我家這個獾郎，就叫王安石吧！」

三

晚飯之後，幾位兄長和小弟都歸艙安睡，王安石卻獨自走上船頭，把白天讀過的書再默誦一遍。

王益走上船頭，給瘦弱的王安石披上一件衣服，然後說道：「吾兒讀書不要太辛苦，看你廢寢忘食，這身體也要在意一些啊！」

王安石答道：「父親勿憂，孩兒讀起書來，如飲甘飴，愈讀愈是精神旺盛，一點兒也不累。」

王益摸了摸他的頭，以示嘉勉，然後抬頭望著空中的皎皎月輪，說道：「我們王家本是太原人，但不知何年何故，遷到這江西臨川，如今也有幾百年了吧，你的叔祖父進士及第，官至尚書省的主客郎中，可謂是光耀門楣了。為父也在二十二歲那年中了進士，只是這些年來一直屈居下僚，不能將報國之志盡情施展啊！」

王安石望著父親兩鬢有些斑白的頭髮，想到父親這幾年來身體一直不好，經常咳嗽中帶出血絲，不禁慨然說道：「父親放心，孩兒一定不負囑望，力爭金榜題名，做一個為國效力，光大咱們王家的好兒郎！」

王益點頭，又問道：「你口中默念的，是哪本書的哪一章啊？」

王安石答道：「孩兒今天下午一直讀的是司馬遷《史記》中的〈貨殖列傳〉。」

王益有點好奇，問道：「科舉考試主要是考經書，我兒博覽群書，當然也是好事，但不要荒廢了科業。」

王安石答道：「父親放心，那些經書我也經常溫習的，不過我私下覺得，只考經書，其實弊端很大。我覺得治國的基礎在於理財，管子曾經說『倉廩實而知禮節，衣食足而知榮辱』，像我大宋雖然地域廣大，物產極豐，但是四方百姓卻依然窮困潦倒，有的人為了生存不得不為匪為盜。我常想，正是執政者不通世務、不擅理財而致。我看〈貨殖列傳〉中，計然教越王的計策中說：『貴上極則反賤，賤下極則反貴。貴出如糞土，賤取如珠玉。財幣欲其行如流水。』真是至理名言！大家都知道越王吞吳，范蠡功高，但計然的富國之策，又豈能忽視？有些文人自命清高，恥於談論商賈之事，其實大謬不然，就像我們在韶州見到的眾多柑橘，如果能大量販運到中原，豈不兩地獲利？但路上卻關卡眾多，賦稅極重，令百姓畏懼，不敢長途販賣。韶州的柑橘大量爛掉，中原地區的柑橘出奇的貴，這不是白白損耗財富嗎？我將來若執掌大權，必建議朝廷成立一個機構，專門四處販賤鬻貴，既便民，又利國。」

王益見年方十三歲的小安石竟然有此等見解，不禁暗暗點頭，但又覺得少年鋒銳之氣太盛，當下說道：「你這番見解雖然言之在理，不過不要隨口在長輩面前亂說，尤其不可說商賈之輩不比那些縉紳宿儒們差，這樣他們會不高興的。」

王安石卻圓睜雙眼，不為所動，他堅持說：「父親不是經常教導孩兒要明辨是非嗎？長輩需要尊重，但不能因遷就他們而混淆是非。我覺得，萬物抬不過一個理字，如果有理，就算是砍柴放牧的鄉農說的也要遵循，如果沒理，就算是周公孔聖的言語，也不能信從。」

王益深知這孩子別的都好，就是這倔牛般的脾氣，實在是訓不過來，索性不再強迫他，指著遠處的燈火說道：「看，臨川城的燈火已經遙遙在望了，明天一早，我們就回到老家了。安石，這是你第一次回到我們王家祖地。」

王安石望著遠方依稀的城樓燈火，點了點頭，心中默默地下了決心：「一定要金榜題名，衣錦而歸，不辱祖宗！」

其時，好風如水，明月如霜。

名動京城——託名華榜有新詩

一

慶曆二年（一〇四二年），二十二歲的王安石從江寧府（今南京）乘船遠赴汴梁（今河南開封）應試。此時春風駘蕩，煦暖怡人，王安石卻獨立船頭，眉頭緊鎖，一點兒也興奮不起來。

對於應試，王安石早已做好了十足的功夫，他酷愛讀書，經史子集幾乎爛熟於心，就算考官再怎麼出刁鑽古怪的難題，他也自信有把握答出來。

然而，此時他想到了三年前去世的父親。王益在建康府通判任上患了急病，竟然一臥不起，溘然長逝。臨終前，父親已氣若游絲，說不出話來，他只是握著王安石的手，用期許的目光看著他，眼神中充滿了期待和勉勵之意。

想到此處，王安石不禁心中大慟，即便是他能金榜題名，高中魁首，父親也無法親眼看見這一切了。

來到汴梁城門口，他就見到老朋友曾鞏正在翹首等候。

曾鞏也是江西人，和王安石是同鄉，略長他兩歲。他們都是文采出眾的少年英傑，自然是一見如故，彼此惺惺相惜。

曾鞏將王安石迎到客棧，洗面更衣，吃罷酒飯後，說道：「介甫，閒來無事，不如小弈一局，以解寂寞。」

當下擺上楸木棋盤和黑白兩色的石質棋子，二人就手談起來。只見王安石落子如飛，佈局草率，曾鞏卻是謹慎穩重，深得棋理。眼看王安石的黑子狼奔豕突，已經是潰不成軍，卻見他把棋枰一拂，黑白兩色的棋子亂成一團，叫道：「認輸認輸！不下了！」

曾鞏笑道：「介甫，你這樣可不太好啊，棋品不佳！」

王安石笑道：「弈棋本為愉心悅性，若是苦苦思索，大耗精神，豈不是本末倒置了？這盤棋贏了又如何，輸了又如何？」

說罷，王安石隨口吟了一首詩：

莫將戲事擾真情，且可隨緣道我贏。
戰罷兩奩分黑白，一枰何處有虧成。

曾鞏也笑道：「介甫不喜弈棋，那麼我們還是溫經習文吧？」王安石道：「剛才棋輸給了子固（曾鞏字子固）兄，賭賽寫文我可不會再輸。請子固兄出題吧！」

曾鞏說：「我那日聽太學中有人爭辯孔夫子和堯舜誰更加賢明。這可有些難講，不如我們寫篇文章闡明一下？」

王安石點頭同意，當下兩人奮筆寫文，大約一盞茶工夫，王安石就欣然擱筆，曾鞏卻才寫了個開頭。曾鞏拿過去一看，只見這篇〈夫子賢於堯舜〉寫得神采飛揚，有理有據，不禁擊節叫好，當下將自己那篇稿子揉成一團，說道：「珠玉在前，何需礫石。你這篇文章真好，明日我拿給我的恩師歐陽修大人看看。」

歐陽修當時已是朝廷重臣，文壇元老，詩文盛名滿播天下。他看了王安石的文章之後，當下讚道：「此子才華橫溢，文章法度嚴謹，立論新奇，實在是一個難得的後起之秀。」說罷，他取了一隻玉桿長鋒羊毫，在紙上寫道：「翰林風月三千首，吏部文章二百年。老去自憐心尚在，後來誰與子爭先。」

曾鞏見了，心下大喜，忙將此詩拿了，回去對王安石興奮地說：「大喜事啊，介甫。歐陽公竟然對你如此青睞，你看，他在詩裏把你比作李白、韓愈。歐陽公經常主持科考，看來，你這次金榜題名幾乎是已成定局了。」

王安石依舊端坐在那裏抄書習字，臉上平靜如水，看不出一點波瀾。曾鞏著急地說道：「介甫，你快回贈歐陽公一首詩吧，不然可就太失禮了。」

王安石這才抻開一張素箋，思忖一會兒後寫道：

欲傳道義心猶在，強學文章力已窮。
他日若能窺孟子，終身何敢望韓公。
……

曾鞏見王安石這首詩中，雖然也有謙遜之詞，但卻吐露出不以歐陽修所誇的文采為自傲，而是圖謀聖賢治國之道的意味，當下搖頭歎道：「介甫，你這個脾性，真是龍性矯矯、天骨卓立啊！」

二

勤政殿中，宋仁宗正端坐在紫檀書案後的寶座上，背後是一塊從藍田採來的丈二高的玉石屏風，右面陳列著一組前朝傳下來的編鐘，還有一架鎏金的渾天儀。左面壁上，有一張巨幅的全國地圖——《淳化天下圖》。

小內監走進來，跪倒稟告：「陛下，今年新科進士已經選出來了，請皇上欽點狀元。」

宋仁宗問道：「考官是如何評定的？」

小內監答：「第一王安石，其次為王珪，韓絳第三，楊寘第四。」說罷，將考卷逐一呈上。

宋仁宗先把王安石的文章展開細讀，只見字跡清勁峭拔，遒勁有力，文章雖不飾過多詞藻，卻自有一股雄健的氣韻透紙而出，便微微點頭。然而，看到文章後面出現了「孺子其朋」這四個字，仁宗忍不住皺起了眉頭。「孺子其朋」典出《尚書．周書．洛誥》，原文是：「孺子其朋，孺子其朋，其往。」這是當時輔政的周公對成王說的，意思是：「你還年輕，今後和群臣要像朋友一樣融洽相處。」這句教訓帝王的話讓宋仁宗有些不舒服，當下把王安石的試卷放在了一邊。

仁宗心中已定下了主意，想改易狀元的名字。然後看第二名王珪，但是王珪已經有了官職，按當時的慣例，「有官人不為狀元」，又看第三名韓絳，也是這種情況，於是就將第四名楊寘點為狀元，王安石反而成了第四名。

楊寘的哥哥楊察是當朝宰相晏殊的女婿。楊寘通過晏殊提前知道自己只是第四名，心下大為不忿。有不少與他道賀的人拉他去酒館喝酒慶賀，他卻一直心緒不平，在酒席間罵道：「這一榜，不知道哪頭驢當了狀元！」

話音剛落，有人來報喜，說道：「皇上欽點狀元了！」

眾人都問：「是誰啊？是誰啊？」

這人滿面春風地笑道：「是楊寘！」

楊寘一聽，簡直有點不相信自己的耳朵，當下又是歡喜，又是慚愧，剛才還罵罵咧咧，原來到頭來反而罵的是自己。

晏殊聽說此事後，把楊寘叫到府中，不悅地說：「我將科考名次提前透露給你，本來就是不適當的行為，你卻在酒肆之中口不擇言，還謾罵之前選定的狀元。若是碰上心胸狹隘之人，之後必然和你結仇，這不是憑空多一個敵人嗎？要知道宦海風雲多變，廣結善緣，與人交好，才是正道。」

楊寘當下唯唯連聲，說道：「那學生如何辦才好？」

晏殊揮手道：「算了，待本相親自召見一下王安石，察訪此人的脾性。」

楊寘當下拜謝，告辭而去。

三

於是，一個風和日麗、飛絮濛濛的下午，一封請柬把王安石請到了晏殊的相府。

晏殊的梨香園中，荼蘼滿架，芬芳怡人。此園北臨池水，東建小亭，曲廊迴合，琴韻聲聲。晏殊吩咐在松月軒設下酒宴，請王安石等新科進士小酌。

席上，晏殊對王安石格外熱情，但王安石堅辭不飲，晏殊也不勉強。

席筵散罷，晏殊又留他單獨在聽風閣飲茶敘談。

晏殊端起茶桌上的建窯兔毫盞，招呼王安石道：「介甫，請用茶。這建茗配建窯，才是得當，你看，和北地器物自是不同。」

王安石看去，只見這茶盞釉面紺黑如漆，溫潤晶瑩，釉面上佈滿密集的筋脈狀白褐色紋飾，猶如兔子身上的毫毛一樣細，閃閃發光，甚是奇特。但他並不喜歡品賞骨董器物之類，便只是點頭而已。

晏殊接著說：「老夫和你一樣，都是江西臨川人，說起來咱們可是貨真價實的老鄉啊。只是老夫十四歲時就舉神童離鄉，近年來也很少回鄉，有時午夜夢迴，常念臨川風物啊！」

晏殊早年為宋仁宗伴讀，後來長期高居相位，門生故吏遍佈朝堂，儘是股肱之臣，范仲淹、韓琦、歐陽修、富弼等都出於他的門下。如今和王安石這樣一個後輩套交情，放在別人身上，早已是受寵若驚了。

但王安石並無半點激動之情，他如實答道：「安石幼年隨先父四處宦遊，後來在江寧安家，很少在臨川居住。只是祖父仙逝之時，到臨川祖業守喪三年，算是熟悉了一下臨川的風土人情。」

晏殊見王安石不卑不亢，氣度不凡，當下誇讚道：「介甫，你真是後起之秀啊。」他拍著自己的椅子說：「你將來必然能坐上我的位子啊！」意思是說將來王安石也能高居相位。

王安石一怔，當下謙遜道：「安石焉敢望此？」他沉吟了一下，又說道：「將來如果安石僥倖能得此位，必當殫精竭慮，探尋出一條富國強兵的治國之道。」

晏殊眼光獨到，一番會晤之後，已看出王安石雖然年紀輕輕，但胸懷大志，卓爾不凡，絕非藏仇挾怨圖謀報復的小人，當下便放下了心，不禁對這位新科進士生出由衷的喜愛之情。他想：王安石才華既高，又有鴻鵠之志，必是一位相才，只是做到宰相，必然要有容人之量，他生性耿介，將來如果不能容人，恐怕也大事難成。想到此處，晏殊語重心長地說：「介甫，今天我們一見如故，我有兩句話想與你說說。」

王安石見晏殊說得鄭重，當下起身道：「安石敬聞賜教。」

晏殊一字一句地說道：「能容於物，物亦容矣。將來你必有一番大作為，但記住這兩句話，才能有大成就。」

王安石當下感謝賜教，然後告辭回到住處。

曾鞏說：「晏相公召你去赴宴，這可是大好事，介甫你這是幾時修來的福緣？」

王安石卻搖頭道：「晏相公最後叮囑我說『能容於物，物亦容矣』，這都是一些俗套的話，身為宰相卻這樣教誨後輩消極待事，可歎啊可歎！」

曾鞏歎氣道：「別人能和宰相聊上幾句都高興得睡不著覺，介甫你卻不以為然，還埋怨宰相說的話不合你的意，照你這樣，我這個落榜舉子，恐怕要無地自容得去跳河了。」

王安石見桌上硯臺下壓著一首詩，拿過來一看，只見上面寫道：「數病門稀出，常貧客少過。經綸知齟齬，耕釣亦蹉跎。兩事艱難極，孤心感慨多……」當下也不禁憫然，安慰曾鞏說：「子固，你的文章義理精深，文思曉暢，就是這次不合考官的口味，等到歐陽公這樣的考官主持科舉時，你必然能榜上有名，說不定還能中個狀元。」

曾鞏苦笑道：「那可就借你吉言了。」

興利鄞縣——看踏溝車望秋實

一

慶曆六年（一〇四六年），王安石要去遠在千里之外的江南鄞縣任職。鄞縣即現在的浙江寧波，如今這裏經濟繁榮發達，但在北宋當年，卻是窮鄉僻壤，仕人們唯恐避之不及。

臨行前，好友曾鞏置酒相送。備好餞別宴席之後，曾鞏舉杯說道：「介甫啊，四年多了，好不容易從淮南秩滿（任職期滿）歸來，按慣例可以到館閣謀個職事，身在朝堂，不乏面見皇上圖謀進取的機會，升職要比外放快得多啊！而且，你看這東京城，是何等的繁華世界，你竟然主動要去那江南偏僻之地！唉，真是想不通啊！」

王安石搖頭道：「兄之見謬矣！那些館閣之職，無非是什麼昭文閣、秘書閣之類，整天尋章摘句，抄抄寫寫，做個書蟲，『刻章琢句獻天子，釣取薄祿歡庭闈』罷了，於國於民，並無成就。我今謀職去鄞縣，正是想大展宏圖，實踐我的治國之道。雖然我只是一個小小縣令，但主持一縣之事，麻雀雖小，五臟俱全，如果我的種種設想得以成功，將來我就上書朝廷，在天下推行，我大宋富國強民的願望，就可以漸漸實現。這才是我等讀書人立身報國的正途啊！」

曾鞏舉杯讚道：「介甫心懷天下，致君堯舜，胸中的鴻鵠之志，非我等燕雀可及啊！」

王安石慨然道：「男兒少壯不樹立，挾此窮老將安歸！安石今年已二十六歲，不趁年富力強之時做一番事業，豈不是上負皇恩、下負黎民？」

說罷，他將杯中酒一飲而盡，起身告辭，登車而去。

二

鄞縣距東海不遠，為一窮僻的海濱小邑。眼見城郭已近，眾人都十分欣慰，奔波這麼多時日，今夜終於可以在館舍中安歇了。

不想天邊黑雲捲地而來，沒過多久，就淅淅瀝瀝地下起雨來。王安石見大夥兒連日趕路都十分疲憊，夫人吳氏還有孕在身，於是吩咐在五里短亭處稍做休憩。

王安石負手臨軒，望著珍珠般透明的水珠滴在油亮油亮的葉子上，他正想吟詩一首，突然聽得有人啼哭著走進亭子，「撲通」一聲跪倒在地。

眾人看時，只見一個瘦骨嶙峋的老頭兒，領著一個十歲左右面黃肌瘦的小姑娘，跪在地上說道：「大官人，行行好，買了我這個孫女吧！」

吳夫人忙吩咐下人快將老人扶起來，又對老人說：「慢慢講來。」

一問之下才知道，老人因為天旱薄收，交不起租稅，就借了當地富豪的錢，結果後來驢打滾、利滾利，翻了五六倍，只好將田產抵給了這人。老人年老體衰，無力再養活這個孫女，於是只好忍痛割愛，想把孫女賣到好人家當丫頭。

王安石驚奇地問道：「這鄞縣地處江南，雨水豐沛，怎麼也有旱情？」

「官人不知，這裏雖然雨水多，但是夏天最熱的時候，有時候一滴雨也不下，田地的莊稼都旱死了。」老人嘆息道。

王安石望著亭外的雨簾，說道：「那起先的時日中，下了這麼多的雨，難道河渠溝塘就沒有存下一些？」

老人道：「小塘會乾，大塘雖然還有水，但離我的田太遠，又沒有溝渠相通，老漢年老體弱，哪有本事取那麼些水來澆灌，所以田裏就旱得顆粒無收啊！」

說罷，他老淚縱橫，泣不成聲。

吳夫人聽了，命人將箱籠打開，取出一些錢來，對老人說道：「我們一路到此，也沒什麼錢了。這些錢你拿去買一塊地，和孫女一起過日子吧。」

老人又驚又喜，但一時不敢收錢，疑問道：「夫人，你竟然送這麼多錢給我老漢，莫不是觀音菩薩降世吧？」

吳夫人忽然正色道：「這錢不是送你的，是借你的，快拿去吧。」

老人一驚，說道：「老漢如何還得起，更不知利息多少，何時歸還這些錢呢？」

吳夫人笑道：「借你三百年，沒有利息。」

老人愕然：「三百年……」

夫人的丫頭春香把錢交到老人手中，說道：「夫人和你開玩笑呢，這錢就是送你的，你快回家吧！」

老人歡天喜地，千恩萬謝，領著孫女走了。

王安石卻一直在沉思，對眼前的事情似乎恍然不覺。吳夫人嗔道：「相公，你在那裏發什麼呆啊？我做了這麼件大善事，你也不讚許我一下？」

王安石卻正色道：「今日救一人，何以救萬人？我身為一縣之父母官，定要想出個辦法來。」

來到鄞縣上任後不久，王安石就張榜公佈了新的法令，在青黃不接的春季，官府出錢來借貸給百姓，或者將官倉中的存糧借給百姓，待秋收之後，百姓再還錢或還穀，利息只有二分，比起原來的高利貸，可謂微薄了。此法一出，百姓無不歡欣，官倉中的陳糧也因此換成了新穀，可謂一舉兩得，只有一些靠放高利貸發財的豪富之家，暗自憤恨不已。

王安石初治鄞縣這一年，風調雨順，五穀豐登。但王安石居安思危，又發動全縣民伕，整理河道，修建塘堰。一些貪圖安逸的百姓，不禁有所抱怨，一些因放高利貸發財致富的土豪們，也藉機向兩浙轉運史杜杞告狀，說王安石暴虐無度，役使民力，百姓苦不堪言。

三

這一日，王安石正在縣衙裏批閱公文，忽聽有人來報：「兩浙轉運史杜大人駕到！」

王安石忙放下手中的毛筆，出衙迎接。只見兩浙轉運史杜杞身穿紅袍，臉胖肚圓，一大群人前呼後擁。他一見王安石，就斥責道：「聽說你隨意役使民伕，作威作福，一個小小的縣令，好大的威風啊！」

王安石絲毫不懼，他一臉正氣、不卑不亢地說道：「安石到任以來，並無半點私心，役使民伕的事是有，但作威作福卻從何談起？鄞縣原來的渠溝，十分淺塞，山谷之水，轉眼就白白流入了大海，到暑旱之時，塘河俱枯，田苗旱絕，這不是老天的罪過，是人們不善於興修水利之過啊！」

杜杞已在官場多年，其他地方的縣官，往往經他這麼一嚇，就誠惶誠恐地拍馬逢迎，事後不免有大禮送上。這次卻見王安石泰然自若，侃侃而談，心下也有幾分驚訝，他當下又問道：「既是興修水利這樣的好事，為什麼百姓還怨聲載道？」

王安石不慌不忙地答道：「多數百姓還是知曉大義，贊同興修水利的，只有極少的百姓貪圖安逸，只想坐享其成，不知早謀功業。如果都依他們，必然是臨渴掘井，如何能興利除弊？前幾任官員也是如此，他們因循守舊，只想自己任職期內不出事，就得過且過，所以直到現在，鄞縣還是一旱就絕收，百姓苦不堪言……」

杜杞聽王安石竟然責備起前任的官員來，不禁臉色一沉，訓斥道：「歷任知縣都不及你？我倒要看看你有多大能耐，這農田水利興修之後，如果還是有災害發生，莊稼絕收，又當如何？」

王安石神色傲然：「鄞縣若再有水旱災害，以致稻穀絕收，我王安石一身承當，無論是丟官罷職，還是議罪論處，絕無怨言。」

杜杞看著王安石堅決的目光，一時被他的正氣所懾，又找碴責備道：「我下令讓各州縣都捐出錢來作為賞金，以捕拿偷煮私鹽販賣的艚戶，你為何拒不執行？」

王安石反駁道：「大人，這事行不得，海邊販鹽之輩，也都是些窮苦之人，謀些小利餬口，如果認真禁絕，就是每天殺一個人，也未必能控制得住。如果有人貪圖賞金，藉此生事，那牢獄豈不要塞滿了？艚戶們失去了謀生的途徑，必然仇視官府和告密的人，必然導致殺人作亂的事情發生，杜大人也不希望看到浙東一帶有造反的事情發生吧？」

杜杞被王安石的一番話弄得啞口無言，他滿臉通紅，一拂袍袖，生氣地對隨從說：「走，我們去其他的州縣歇宿。」

隨從勸道：「杜大人，咱們一路風塵，不如就在這裏暫住一宿……」

杜杞將手中的馬鞭一揮，眼珠子一瞪：「怎麼？連你也不聽老子的話了？老子一刻也不願意在此停留，看到這張黑臉就惱火。」

隨從不敢多說，只是口中嘟囔著：「這個黑臉愣頭青，竟然敢得罪轉運使大人，看以後他怎麼混……」

王安石望著轉運使的車馬遠去，心裏暗自高興，他最不喜歡這些迎來送往的繁文縟節了，如今杜杞負氣遠去，倒省了一番接待的瑣事，晚上他又有時間讀書寫文了。

他回到書房，拿起一本《難經》，就在燈下津津有味地讀起來，才讀幾頁，卻見丫頭春香急匆匆地過來，稟道：「老爺，夫人讓你趕快過去，鄞小姐高燒不退，現在又抽起風來，煞是怕人。」

丫頭所說的鄞小姐正是王安石夫人甫到鄞縣時生下的女兒。王安石為她取名為「鄞」，平時就喚她為鄞女。如今她才一歲多，但聰穎異常，都會說成句的話了。王安石夫婦十分歡喜，對她愛如珍寶，如今聽她得了急病，饒是王安石一貫鎮定，也不禁慌了手腳，扔下書本，急走入內堂。

然而，他還沒有進屋，就聽見夫人撕心裂肺的哭聲，可憐的鄞女竟然因為這一場急病而夭亡了。

燈下，王安石為愛女寫下了墓誌銘：「鄞女者，知鄞縣事臨川王某之女子也。慶曆七年四月壬戌前日出而生，明年六月辛巳後日入而死，壬午日出葬崇法院之西北。吾女生，惠異甚，吾固疑其成之難也，噫！」

這篇簡短的文字，寫了好幾遍才成，因為總是寫不了幾個字，眼中的淚水就將紙上的字跡打濕模糊了。

兩年之後，鄞縣的農田水利基本完工，雖然又有伏旱肆虐，但因為王安石修築的塘堰，田地都得到了灌溉，從此水旱無憂，年年豐收。就連當年因修水利吃苦而生怨言的人們，也交口稱讚這位年輕的縣令勤政愛民，興利除弊。

四

又一年的秋天來了，王安石官宅前的竹子颯颯有聲，那株新移的龍爪菊也含苞欲放，然而，正在此時，朝廷的調令下來了。宋代的官員，往往是三年一秩，期滿後就根據考評結果，陞遷調動。王安石被改派到舒州（今安徽潛山）當通判。

吳夫人立在夕陽的斜暉中，望著宅前新移的黃菊和翠竹，有些惋惜地說：「朝廷怎麼這麼快就下旨了？我還以為能看到這幾株菊花盛開呢。」

鄞縣的治理剛有了起色，王安石也不願意調走，他嘆了口氣，對著牆角的新竹吟道：

山根移竹水邊栽，已見新篁破嫩苔。
可惜主人官便滿，無因長向此徘徊。

吟罷，回頭和吳夫人說道：「趕緊收拾一下吧，明天一早就乘舟上路，不要驚動這裏的士紳和百姓。」

吳夫人知道夫君的稟性，最不喜歡虛熱鬧的繁文縟節之類，若不悄悄地走，這些人必然要置辦酒席挽留，彼此寒暄客套，大費周章。這都是夫君最厭煩的事情，所以還是悄悄地趁黎明之時走掉為好。當下吩咐丫頭，和自己一起抓緊收拾行裝。

王安石走到前堂，吩咐一名衙役：「給我備一艘小舟。」

那衙役問道：「如今天色已晚，老爺要到何處去，小的多叫幾個人陪同吧。」

王安石揮手道：「不必，一個人也不要。」

夜色籠罩了天地，王安石獨自一人，在如鉤的彎月下划著船，來到了一個山坡前，這裏埋葬著他的愛女——鄞女。如今，王安石就要離開這裏，只能把自己的女兒永遠留在鄞縣了。生死兩茫茫，望著無邊無際的暮色和迷茫混沌的江上霧氣，王安石一時百感交集，鄞女那天真可愛的容顏不時在眼前浮現，就在恍惚之間，三十歲的他竟然覺得自己已經老了，心事蒼涼，宛若衰翁。他長嘆了一口氣，吟道：

行年三十已衰翁，滿眼憂傷只自攻。
今夜扁舟來訣汝，死生從此各西東。

拆洗介甫——我生懶率更疏放

一

皇祐三年（一〇五一年），三十一歲的王安石任舒州通判。舒州在當時地處荒僻，正所謂「崎嶇山谷間，百室無一盈」。街市上常有窮苦人家因養不起嬰孩，就將嬰孩拋棄在街頭，期望有人收留。王安石對此憂心如焚，但通判這個職務，只是州佐，並不能全權掌握舒州的事務。

期間，朝廷兩次召王安石回京任集賢校理這樣的清閒職務，王安石都上表請辭了。至和元年（一〇五四年），王安石在舒州任期已滿，朝廷又授予集賢校理之職，但王安石還是堅辭不受，後來吏部改派他為群牧司判官。

群牧司是主管全國馬政的機構，當時司馬光也任此職，而他們的上司，就是後世有包青天之名的包拯。

這一日，春光正好，群牧司官署裏種植的幾株名品牡丹競相開放。包拯剛處理完一件棘手公事，心情極為暢快，於是喚身邊小吏道：「速速置辦酒席，今日午間，我要和群牧司諸君賞花痛飲。」

不多時，只見群牧司的庭院中設了帳幕，擺上了幾張方桌，菜餚流水般地端上來，只見有香糖果子、糖荔枝、越梅、紫蘇膏、金絲黨梅、香棖元、盤兔、旋炙豬皮肉、野鴨肉、滴酥水晶鱠……

群牧司的各位僚屬，見包大人有此興致，無不逢迎捧場，這人說「包大人體貼下屬，實在是令人感激」，那人說「包大人閒情高致，雅興十足」，更有人唱道「有花堪折直須折，莫待無花空折枝」……

包拯舉起斟得滿滿的酒杯，高聲說道：「今日與諸位共飲此杯，昔時白樂天有詩『昨日山水游，今朝花酒宴』，我等如今豪興遠追古人矣！」

眾人齊聲叫好，將手中的酒杯一飲而盡。但喧鬧聲中，包拯敏銳的目光一掃，卻見司馬光和王安石相伴而坐，酒杯都是滿滿的，根本沒有動。

包拯臉色一沉，走到二人身前，問道：「君實（司馬光字君實）、介甫，為何不乾了杯中的美酒啊？」

司馬光站起身來稟道：「屬下酒量甚淺，不慣飲酒，還望大人海涵。」

包拯將司馬光面前的酒杯端了起來，勸道：「何以解憂，唯有杜康，既然你不善飲酒，我也不多勸，今日就飲此一杯，可否？」

眾人也一起鼓噪：「君實，乾了此杯吧！」

司馬光只好接過酒杯，一仰脖子，喝了這杯酒。只聽眾人又是一陣鼓噪：「好啊！好啊！」

包拯拍了一下司馬光的肩膀，示意他坐下，然後將目光投向王安石，只見王安石還是安坐在那裏，絲毫不動聲色。

包拯當下說道：「介甫，你又當如何？也要老夫親手擎杯來勸嗎？」

眾人都紛紛勸道：「介甫，乾了這杯酒吧！」

包拯拿起王安石面前那杯酒，笑道：「市井中傳說老夫是閻羅包老，今日要是勸不下這杯酒，包某可真算是顏面掃地了，哈哈！」

王安石卻正色說道：「安石性不飲酒，此事並非下官有意違拗大人，若是公務，大人所命之事，安敢不從？但飲酒相歡，本為閒情，恕在下不能從命。安石飲與不飲，絲毫無損大人的顏面。」

眾人又紛紛勸起來：「介甫你怎麼這樣，包大人勸酒你也不飲？」司馬光也悄悄地拽了一下他的衣袖，暗示他不要太固執。

王安石任憑眾人聒噪，泰然處之，臉上神色不變。

包拯凝視了他半晌，突然仰天笑道：「介甫啊，今日包某算是領教了，你這種性子，我佩服，佩服啊！」

說罷，包拯回到自己的座位，招呼眾人：「子非魚，安知魚之樂，介甫不飲酒，就難得酒中真趣啊！」

眾人也趕緊圓場，紛紛說道：「是啊，一醉一陶然，我等陪包大人盡興暢飲。」

二

酒宴方罷，包拯見王安石等辭席而去，便留住王安石的好朋友韓維和呂公著，問道：「介甫平日真的不飲酒？還是對老夫有什麼意見？」

韓維和呂公著平時和王安石來往密切，素知他的性子，見包拯問起，韓維搶先說道：「大人有所不知，介甫簡直是個書獃子，你看他衣冠不潔，平日裏邋裏邋遢，不修邊幅，不好聲色，也不飲酒，真是個怪人啊！當年他在韓琦韓大人帳下做事時，每天讀書讀到很晚，第二天臉也不洗頭也不梳，頭髮蓬亂著就去公署上班。韓大人以為他夜飲放縱呢，當面指責他一番，他卻絲毫不反駁。」

呂公著說：「他這個酷愛學問的脾氣，我們都佩服，但他這一身的氣味，我們可受不了。我們都約定了，隔一段時間就領他去洗一次澡，並給他準備一身新衣服換上。我們把這件事叫作『拆洗王介甫』，哈哈！」

包拯聽了，也不覺失笑，當下問道：「你們領他去浴池，他不像今天喝酒一樣拒絕嗎？給他新衣，他也肯穿？」

韓維笑道：「介甫渾渾噩噩，我們領他到浴池，他也不反對，憑由廝役搓澡，出浴後，見了新衣，也不問從何而來，就穿上了，好像夢遊中一般。然後我們把『拆洗』好的介甫送回府上，他的夫人總是要向我們致謝。」

包拯拊掌大笑：「有趣，有趣。」

韓維接著說：「不過介甫的才幹實在出眾，他曾經在鄞縣理政，把一個小邑治理得井井有條，百姓安居樂業，實在是一位能臣啊！他判獄也頗有頭腦，當時他在鄞縣，餘姚縣有人因分家時劃分田產爭訟，縣、州、路三級官員均審理不清，無法結案，後來特地請介甫去斷獄，結果他很快就了斷此案，眾人都很服氣。」

包拯很感興趣，說道：「清官難斷家務事，田產糾紛往往是公說公有理，婆說婆有理，這種案子有時比殺人偷盜的案子還麻煩，他是如何了斷此案的呢？」

韓維笑道：「介甫把爭訟的兩家叫到公堂，問道：『某甲，你說縣裏的官吏袒護某乙，分家時多分了田產財物給他，是不是？』某甲自然是滿口應承，又囉哩囉嗦地說起某乙如何交通賄賂官吏，多佔田產財物之事，還沒說完，某乙就大叫冤枉，也說某甲多佔了田產，自己其實吃虧。當下介甫一拍驚堂木，讓兩人住口，說道：『既然甲說乙分得多，乙說甲分得多，本官現在宣判，立即將甲、乙兩戶的所有田產財物封存，然後甲領乙的，乙領甲的。你等還有何話可說？』」

包拯聽了，當下也笑著讚道：「不錯，不錯！這麼說來，倒真是一個深具才幹的人才。」

韓維說道：「不僅如此，我甚至覺得他有伊呂之才，是宰相之器啊！」

包拯沉吟道：「果真如此的話，老夫會向朝廷舉薦的。」

官場浮沉——千里歸來倦宦身

一

沒過多久，朝廷下旨，讓王安石出任提點開封諸縣鎮公事，王安石上書表示不願意就職，還是願意到「東南寬閒之區，幽僻之濱」做一個地方官，因為那樣才能試點他的治國方略。

嘉祐二年（一〇五七年）春天，王安石來到常州任知州。知州是一州的最高行政長官，他有機會施展他的才華，來治理這個州郡。

當年的常州城，是一片荒蕪凋敝的景象。這裏離京城汴梁較遠，原來的官員覺得朝廷鞭長莫及，也不怎麼勤政。王安石來到州衙一看，只見簿冊散亂，無人看管，一問當值的官吏在哪兒，這人竟然擅自回鄉多日，經旬不來畫卯（點名）。王安石當即大怒，下令懲辦了此人。

州佐聽了，慌忙召集各衙門的官吏來參見王安石。他們見王安石黑黝黝的臉陰沉著，無不暗暗擔憂。那州佐吩咐：「快安排酒宴，給王大人接風。」

王安石臉色又是一沉：「國家諸事待興，怎麼能大吃大喝，浪費公帑？」

州佐慌忙說道：「大人說的是，不過這頓酒席是我等自掏腰包，加上本地的富戶也有意想孝敬大人，分毫不動用國庫中的錢款。」

王安石「哼」了一聲說道：「即便如此，也不要過於鋪張！」

本州的通判見王安石黑沉著臉，一副悶悶不樂的樣子，私下和州佐合計：「這新來的知州王大人，看樣子可不好惹，我等可得小心侍候，不如召些歌姬舞孃來，在席間助興作樂？」

州佐卻把眼一瞪：「我聽說王大人並不好色，除夫人外，一個侍妾也沒有，你可別亂來，惹惱了大人，可不是好玩的。聽說有個地方讓一群歌姬來侍候他，他當場大怒，拂袖離場。」

通判皺眉道：「如果不召舞姬，席間難免清冷，豈不有怠慢知州大人之嫌？」

州佐眼珠一轉，說道：「前段日子，你叫來的那些雜耍的藝人和說笑話的優伶，倒是有趣，不如叫來讓王大人開開心。」

酒宴上，大夥兒見王安石正襟危坐，一臉嚴肅，都不敢輕舉妄動。通判見場面冷清，忙請示道：「大人，本州有不少的民間藝人，精通各種百戲，也算是常州地方的一種民俗風情，不如讓他們來表演一下？」

見王安石微微點了點頭，通判忙令眾位藝人上場表演。只見這些人有的吞刀，有的吐火，有的頂大缸，有的上刀山，種種炫人眼目的絕技層出不窮。王安石卻始終臉色不變，對眼前的景像似乎視而不見，大夥兒摸不清他是什麼意思，都不敢言語，也不敢叫好喝采。

後來，一對優伶上場說起笑話來。甲說：「我經常混吃混喝，有次見到一戶人家辦喪事，我就在靈前痛哭，聲稱死者生前和我最要好，這家人以為我真是逝者的好朋友，特地遠道而來，於是款待了我一頓酒飯。」

乙說：「別提了，我就是知道你這樣做，我也效法，結果挨了頓打，到現在額頭上還青腫未消呢？」

甲道：「怎麼回事？」

乙說：「我也是見到一戶人家辦喪事，就在靈前痛哭，聲稱死者生前和我最要好，結果一群人衝過來就揍我。」

甲道：「這是為何？」

乙一臉苦相地說：「這戶人家死的是個年輕的媳婦。」

眾人不禁哄堂大笑，王安石這時竟然也臉露喜色，捻鬚微笑。通判察言觀色，轉頭吩咐隨從：「賞錢給這對優伶！」

州佐等優伶下場後，說道：「這場戲確實好笑，把大人也逗樂了，也算難得啊！」

哪知王安石卻收起笑容，說道：「本官並非因此戲發笑，而是剛才一直思索，想出一個《易經》中的道理，此道理正好適用於治理我們常州。這個問題困擾了我好多天，今日終於豁然貫通，實在是不勝欣喜。」

眾官無不愕然，只聽王安石接著說道：「我昨天細觀常州地圖，覺得當務之急，是要開一條百里運河，溝通太湖，如此一來，不但能在旱時澆灌農田，而且能利於航運，到時候太湖沿岸出產的貨物都能販運北上，何愁咱們常州不繁榮豐饒啊！」

州佐聽了，當即說道：「大人所見極是，不過開挖百里運河，消耗的人力實在不少啊，只徵當地的民伕，恐怕難以完成！」

王安石說道：「此事功利千秋，我立即上書兩浙轉運使，請他協助徵集浙西各處的民伕，一起開挖此運河，這運河修成後，也是他任上的功德一件。」

眾官不敢多言，當下都唯唯稱是。

二

然而，十幾天後，兩浙轉運使的回信收到了，他並不同意徵集整個浙西的民伕一事，說是常州自己的工程，就只用常州的人力吧。

王安石又寫信給宜興縣的知縣司馬旦，此人是司馬光的哥哥，王安石請他於公於私，都要助自己一臂之力，發一些宜興縣的民伕來幫忙開挖運河。但司馬旦卻說自己縣小民少，根本擔不起這樣的責任，建議王安石找其他縣輪流徵派，一點一點慢慢來。

王安石是個急性子的人，不想將自己的構想廢棄，他不顧各種困難，還是把運河的工程啟動了。不過人少力微，運河的開鑿異常緩慢，王安石心急如焚，每天到河邊督役，曬得臉色更加黑了。

這天，天邊黑雲翻滾，一陣狂風吹來，將遮陽的帳幕吹翻不少，河堤上的旗子也被吹折了，人人立足不穩，不一會兒豆大的雨點落了下來。王安石無奈，只好下令停工。

哪知道這綿綿淫雨，下了好些天也沒有消停的意思。王安石雖知百姓的苦處，但又不願工程半途而廢，因為一旦停工廢棄，不用多久，這剛開挖的河道就會被雨水沖刷淤平，前面的多日苦功就算白費了。於是他下令讓民伕在雨中繼續開河施工。

又過了十多日，王安石來巡查時，只見幾處棚屋中哭聲一片，當下問監工的小吏：「為何有民伕啼哭？」

小吏低頭答道：「有兩個民伕，受不了辛苦，昨晚趁沒人注意，悄悄上吊自盡了。」

王安石聽了如遭雷擊，心想：「開河本為民造福，現在卻讓百姓遭了難，這如何是好？我王安石一腔熱忱，卻成了逼迫百姓的酷吏，唉！唉！」

小吏低著頭，不敢看王安石的臉色，聽王安石半晌沒說話，當下道：「這兩個小民也是糊塗……」

沒等他說完，王安石就打斷他的話，吩咐道：「給兩位死者的家屬多支些錢，從我的俸祿中扣除。另外，傳下我的命令：河道停工，民伕們各自回家！」

民伕們聽到這道命令，無不歡呼雀躍，各自收拾東西散去。只剩下王安石獨立在淒風苦雨之中，喟然長歎。

王安石回到州衙後，心情愁悶，食不下嚥。這時又有欽差傳來旨意，改任他為江南東路提點刑獄。提點刑獄的主要職責是審核各州縣的刑獄之事是否得當，另外還有權考察各州縣的官吏是否稱職，這在別人看來是個難得的好差事，畢竟主持刑獄並且督察眾官，大權在握，人人都要敬畏巴結。

不少人聽說了消息，紛紛前來道賀。王安石吩咐門人，一律不見！吳夫人勸道：「做了江南東路提點刑獄這個職務，是朝廷對你的重用啊，夫君為何還是愁顏難開？」

王安石悶悶地說：「夫人不知，我來常州，本想造福百姓，這才動工開河，哪知道長官不支持，民伕人手有限，以致現在河只開了半截，不得不停工。如今想來，後人會說，我王安石來到常州，只是徒費民力，擾民生事，全無一點恩德啊！」

吳夫人對開河的事也是知曉的，她勸道：「朝廷重用你，這是好事，以後你位高權重，自然政令暢達，就不會有這麼多掣肘的人了。」

王安石聽了，覺得有理，心情才略微平復一些。

三

擔任江南東路提點刑獄之後，王安石雷厲風行，對當地的官員進行了嚴密的巡查，一時間大小官吏無不震恐。

這一日，王安石來到饒州，督察當地負責酒務的官吏。到了公署的門口，卻未見主持酒務的官吏出迎，只是有幾個小吏來支應。他當下大為不悅，心想：「這人不理公務，竟然辦公時間也不在公署之中，想必是個貪惰成性之輩！」

他強忍怒氣，來到了廳上，卻見壁上有一首詩，字跡遒勁瀟灑，詩曰：「呢喃燕子語梁間，底事來驚夢裏閒。說與旁人應不解，杖藜攜酒看芝山。」

王安石一見，立刻轉怒為喜，歎道：「好詩，好詩！這是個人才啊！」

隨即問道：「這詩是何人所題？」

小吏捧來一疊厚厚的卷宗，答道：「這正是本署中的酒監劉季孫所寫。他是攻打西夏時英勇殉職的大將劉平之子，因朝廷撫恤，襲了個武職，但他生性喜歡舞文弄墨，迥別於其父。」

王安石一揮手，不再看那些卷宗，帶著從人登車離去。不久他和劉季孫長談了一番。沒過多久，王安石就傳下調令，讓劉季孫改任本州的學官。北宋重文輕武，劉季孫本為武職，現在充當文職的學官，很不符合當年的規章制度，屬於破例任用，所以一時間全郡都驚訝不已。

四

不久，王安石又被朝廷一紙詔令調到京城，就任三司度支判官（主管國家財政的官員）。一開始，王安石再三推辭，他還是希望做一個州郡的長官，但當時的宰相富弼根本不考慮他的意願，沒有同意。

回到京城，王安石把二十多年在基層中體會到的社會積弊加以詳細整理，寫了一篇長達萬言的〈言事書〉，呈給仁宗皇帝，力陳變法圖新的必要性。

然而，此時的仁宗，年事已高，疾病纏身，深宮中的他對著搖曳的紅燭，正為自己頭髮漸白、神昏目眩而苦惱。更為苦惱的是，他如今年近五旬，竟然連個皇位繼承人都沒有，怎不讓他心焦意亂呢？

所以，仁宗皇帝對王安石這篇有理有據、洋洋灑灑的宏文沒有多大興趣，只瞧了個大概，就放到一邊了。

不過，從這篇文章中，仁宗倒是看出了王安石的才情，不久就提拔他當了知制誥，負責起草皇帝的詔書之類。

嘉祐八年（一〇六三年），宋仁宗逝世。時隔不久，王安石的母親吳氏也去世了，按照當時的制度，王安石離開京城，回鄉守孝三年。

這三四年間，朝廷中發生了巨大的變動。宋仁宗的養子、濮王的兒子趙曙繼承皇位，是為宋英宗。但宋英宗也是個體弱多病之人，繼位不到四年時間，就崩逝了。

五

大宋的皇位寶座上，這時端坐的是英宗的長子趙頊，一位年方十九歲的青年，他就是宋神宗。宋神宗在做太子時，就聽近臣韓維經常說起王安石是個非常傑出的人物，不但文采好，而且善於持國理財，敢當大事，就是性格執拗了些。於是他繼位之後，就馬上想到了王安石，下詔封他為翰林學士，從江寧調回汴梁。

因為王安石此前多次以疾病為由，不肯奉命歸朝，於是韓維先寫了一封書信，將神宗皇帝的意願和志向告訴王安石。

這一天，驛使快馬加鞭，飛馳到江寧府衙，只見前廳地上，鋪著一些莊稼的秸桿當作蓆子，一個沒戴帽子、頭髮蓬亂鬍子花白的人正坐在那裏發呆。他於是喝叱道：「喂，快把這封信送給你家王大人！」

哪知這個人拿過信來就撕開了封皮，驛使來不及阻攔，跺足大叫：「你這個人，這麼不懂規矩嗎？給王大人的信你也敢私拆？」

喧鬧聲驚動了兩個護院兵丁，他們過來對驛使斥道：「休得無禮！拆信的這位，正是王大人！」

驛使目瞪口呆：「啊，這位就是王大人？小的有眼無珠，還望恕罪。」

王安石一擺手：「不知者不怪，路上辛苦了，去後廳喝杯茶吧。」

驛使惶恐地連聲道：「多謝大人海涵，小的還是先行告退吧！」說著就慌慌張張地跑出去了。出了院門，驛使歎道：「這位王大人真是個賢德之人，做到這樣的大官，哪個不是整日裏綾羅綢緞穿著，山珍海味吃著，嬌妻美妾摟著，他居然這樣儉樸，實在難得啊！」

卻說王安石接到書信後，馬上吩咐吳夫人：「打點行裝，不日就要重返京城了。」

吳夫人笑道：「相公不是一直上表請辭，不願意再當那個為皇帝舞文弄墨、矯飾辭藻的近臣了嗎？」

王安石眉飛色舞地說：「這次不同。現在身登大寶、執掌皇權的是年輕有為的新皇帝，他有意勵精圖治，銳意進取，中興大宋。所以我的那些治國之策，他一定會倍加賞識的。」

吳夫人聽了，也是滿心歡喜，連忙吩咐僕婦們收拾行裝，準備盤纏，備車僱船。

王安石回到朝堂，被宋神宗封為翰林學士，這是一個能夠經常接觸皇帝，能對皇帝的各種大政方針提供建議的重要職位。

期盼已久的機會終於來了，年輕的皇帝和勇於進取的王安石，心意相投，歷史上轟轟烈烈的熙寧變法，即將拉開帷幕！

入閣秉樞——日記君臣口舌爭

一

熙寧元年（一〇六八年）四月。

天氣一天天地暖了起來，又將入夏了。連著幾天的陰雨，殿前的玉階上生了綠色的苔蘚，彷彿是荒原上暴露出來的骨殖，那一株半枯的老樹，也沒精打采地在雨中飄動著稀疏的枝條，一如老年人頭上稀疏斑白的頭髮。這些宮殿已經近百年了，陳舊的氣息堆積成一種厚厚的暮氣，像天空的烏雲一樣，壓在宋神宗趙頊的心頭。

宋神宗皺了皺眉頭，揮手讓小宦官把送上來的麝香糖蜜糕又撤下去，卻拿起案上王安石寫的那個奏摺——「本朝百年無事箚子」。看到「百年無事」這四個字，神宗皇帝不禁自言自語地笑道：「這個王安石啊，真是太有性格了，朕昨天召見他，只說了那麼一句『本朝百年無事』，他回頭就給朕寫了這一大篇。」

然而，宋神宗慢慢讀來，愈讀愈是神色凝重，最後他猛地一拍桌案，慌得遠處站立的小宦官忙上前問詢：「陛下！」宋神宗一揮手，示意他下去，突然又想起一事，說道：「記著，明日早朝之後，留下王安石在延和殿問對。」

延和殿靠近後苑，規模不似上朝時的紫宸殿、垂拱殿宏大，但朝中的機密大事，卻往往是在這個相對幽靜的殿宇中制定的。朝中大臣，也往往以能在延和殿向皇上奏對為榮。

二

宋神宗望著如一棵孤松一般佇立著的王安石，依舊是那不修邊幅的模樣。雖然這並不是第一次見到，但王安石給他的獨特感覺依舊是那麼的強烈。這是個令他一直好奇的人，在此之前，他就聽說過有關王安石的不少故事。

不過，當他首次見到這個鬢髮花白、面黑如墨，衣袍上總是帶著塵土和墨跡的人時，還是有些吃驚。一般的臣子，拜見皇帝之前，總是要沐浴熏香，有的人甚至連口裏也要含著雞舌香，生怕儀容不整、挾帶氣味衝犯了皇上。而王安石卻總是邋裏邋遢，有一次上朝時，竟然有一隻虱子從他的鬍子上爬到他的臉上，同僚都在竊笑，而王安石卻恍若不覺，依舊全神貫注地侃侃而談。

拜見皇帝時王安石從來不會有那種誠惶誠恐的神色，看著王安石眼中那份如巨石般的篤定神情，年輕的宋神宗被深深吸引住了，他的耳邊又響起老臣蕭注說過的話：「介甫牛耳虎頭，視物如射，意行直前，敢當天下大事。」

是啊，朕要成為一代英明之主，現在就是要用敢當天下大事的人！

想到這裏，宋神宗開口道：「朕昨日說了句本朝百年無事，卿就上了這麼一個奏摺，其中這十條時弊，字字切中要害啊。而其中最為嚴重的就是兵弱財匱，兵弱則國家不強，財匱則國家不富啊！」

王安石眼神矍鑠，注視神宗，直言不諱地說道：「如今我朝雖然百年無事，但內中卻危機四伏，正如河道久淤，雖然一時無險，但洪水一來，必然成災。微臣以為眼下最重要就是治冗。」

神宗聽了，急切地說：「接著說下去！」

王安石語調鏗鏘地說道：「第一是冗兵。我朝養兵有百萬之多，天下之財，收歸於國庫的不過六千餘萬，而養兵的費用竟然高達五千餘萬，天下之財，絕大部份都成了軍費。而這些兵又不是能征慣戰之兵，很多老弱之輩當兵充數。即便是朝中的禁軍，也缺乏操練，不耐苦勞，聽說朝廷發給祿米等物時，這些軍卒竟然還要僱人挑運。如此懶惰成性，如何上陣迎敵？」

神宗讚道：「說得好，來人，賜座，奉茶！」早有小宦官奉上青黑色的烏金釉盞，神宗吩咐道：「取建州歲貢大龍鳳團茶，與卿共飲。」

王安石對眼前的茶視而不見，自顧自地說道：「第二就是冗官。我朝恩蔭盛行，不但皇族、外戚、重臣可以讓子孫為官，甚至連親屬、門客、醫者都能當官。早在仁宗皇帝時，我朝官員就多至一萬七千三百餘名，比四十年前多一倍，比開國之時多了五倍！其實州縣數目並沒有多，事務還是那些事務，多出來的這些官，全部都在吃閒飯，消耗國家的財富！」

「陛下，太宗一朝時，國財歲入二千二百二十四萬五千八百貫，除去開支，還能剩下一多半」，王安石語調愈來愈激昂：「到了近年來的英宗一朝，卻已經是入不敷出，一年要虧空一千五百七十二萬六千貫之多！」

神宗聽了，不禁歎道：「愛卿所言極是，朕自登大寶以來，曾多次詢問主管國庫的官員，讓他們匯報庫中財物數目，但他們一直吞吞吐吐，後來才說了實話，原來府庫早已消耗一空，正所謂『百年之積，惟存空簿』！朕聽了後，實在是震驚不已啊！」

說罷，神宗皇帝一揮手，讓身邊的小宦官取來一個黃綾捲軸，向王安石緩緩展開，只見上面字跡端正，法度謹嚴，正是神宗的御筆親題：

五季失圖，獫狁孔熾。藝祖造邦，意有懲艾。
爰設內府，基以募士。曾孫保之，敢忘厥志！

（這幾句大意為：五代以來北方的外族沒有平定，他們一直在猖獗囂張，從太祖開始就意欲平定，於是設立府庫，以此來招募勇士，子孫繼承大業，怎敢忘了先祖的志向？）

王安石見了，說道：「陛下所見甚是，欲平邊患，必先實國庫，因天下之力以生天下之財，取天下之財以供天下之費！」

神宗讚道：「愛卿說得好。等國庫豐盈後，朕就再建上三十二座庫房，這些倉庫的名字嘛，就以朕的這八句詩的三十二個字為名，如『五庫』、『季庫』……一直到『厥庫』、『志庫』。」

說到這裏，年輕的神宗皇帝眼中閃爍著喜悅的光芒，彷彿已經看到了這三十二座庫房中堆滿了金銀錢帛的場景。

三

「愛卿，飲茶。」神宗皇帝舉起青黑色的烏金釉盞，卻見王安石從袖中取出一包藥散，倒入茶盞中，一飲而盡。

神宗不覺好奇，問道：「卿加在茶中的，是何佐物？」

王安石這才恍覺，答道：「臣近日有些濕熱之邪，皮膚出疹作癢，醫官開了消風散，正好陛下賜茶，臣於是就便將此藥服了。」

神宗聽了，不禁啞然失笑，大家都說王安石是個不懂風雅的人，今日一見果真如此。御賜的名茶，尋常難得一品，他居然當成了送藥的溫開水，真和焚琴煮鶴有得一比。

怔了一怔，神宗接著又說：「有一件事情，朕想告訴愛卿。朕曾經在寶文閣的一個積滿灰塵的錦匣中，得知了前朝的一件祕事。」

王安石有些驚愕，忙說道：「不知此事臣當聞不當聞，陛下慎言之！」

神宗皇帝站起身來說：「此事我熟思良久，還是要說，不但要對愛卿說，還要讓眾臣知曉。太宗皇帝當年並非是因病而駕崩，而是在征遼時被契丹人射中了大腿，後來箭瘡發作而不治。此事一直諱言。如今我欲激勵群臣，想將此事告白於眾。另外，如果將來有人能收復燕雲十六州，可異姓封王！」

神宗躊躇滿志，對王安石說道：「朕要效法唐太宗，成為一代英武之主！」

王安石卻搖頭道：「陛下效法唐太宗，還是遠遠不夠啊！皇上您想成為一代明君，就要師法堯舜。堯舜的治國之道，至簡不煩，至要不迂，至易不難，才是後代君主真正的榜樣啊！不過後世君臣，一提堯舜，都覺得高不可及。其實堯也是個人，舜也是個人，憑什麼他們能做到的，陛下就做不到呢！」

神宗皇帝苦笑道：「愛卿你真稱得上《孟子》中所說的責難於君了，這對朕的要求也太高了！朕自覺能力有限，但希望你能全力輔佐我，推行堯舜之道。當年劉備得了諸葛亮，唐太宗得了魏徵，所以成就了千秋功業，如今朕能有這樣的人才輔佐嗎？」

王安石矍然起身，慨然說道：「陛下如果能成為堯舜一樣的明君，自然有皋陶、夔、稷、契這樣的名臣來輔佐，就算是像商王武丁，也有傅說這樣的賢才，以天下之大，何才沒有？如果陛下不大膽起用人才，就算有皋陶、夔、稷、契、傅說這樣的人，也不免為小人所排擠啊！」

這一番話，正好說中了神宗的心事，之前神宗就曾經問過身邊的老臣韓琦，問他是否可以重用王安石。韓琦白鬍子亂顫，有些激動地說道：「王安石當個翰林學士才華有餘，但國家大事千萬不能讓他參與，宰相所處的政事堂，萬萬不可讓他執掌！」

神宗暗想，原來王安石一直沒有發揮出才智，正像他剛才說的那樣，是被其他人蒙蔽了。為今之計，要想勵精圖治，中興大宋，就要大膽起用王安石這樣的人。

想到這裏，神宗皇帝一拂袍袖，激動地說：「那愛卿試著和朕說一下，現在我們最需要做的是什麼？」

王安石的回答擲地有聲：「安石有新法八條，六條足以富國，兩條足以強兵。變風俗，立法度，是現在最急切的事情！」

宋神宗擊掌讚道：「說得好，變風俗，立法度！朕已決意變法！」

四

御花園中，玉檻中的牡丹花圃群芳爭艷，姚黃魏紫妖冶嫵媚。太皇太后曹氏和皇太后高氏正在憑欄賞花，曹太后說：「昨日一番風雨很是狂驟，卻不想今日這牡丹花還是開得如此之好。」

高太后應道：「是啊，不過御苑之中，原來牡丹圃要更為繁盛，去年遵照您老人家的吩咐，將御苑中的花圃一多半改為了種穀物和桑麻……」

這太皇太后曹氏是宋仁宗的皇后，其祖上是宋朝的開國大將曹彬，算起來是神宗的祖母輩，年已五十有四，高太后是神宗的親生母親，年方三十八歲，說起來高太后還是曹太后的外甥女——即曹太后姊姊的女兒。

曹太后聽了，假裝嗔怪道：「這麼說來，是怪我摧花辣手了？我命人將花圃闢為田地，是想讓宮中人，尤其是皇上知道稼穡之艱難，讓他對天下黎民有所愛惜。」

說到這裏，曹太后突然詫異道：「下朝已久，怎麼皇上還沒到後宮來？」

原來，曹太后一直對這孫子十分疼愛，經常噓寒問暖。如今趙頊身為九五之尊，絕不會在飲食生活上受到委屈，但曹太后還是擔心其他人服侍得不夠盡心，一下朝就命人送上茶點，生怕他受了身邊人的怠慢。

眼看紅日將墜，實在是相當晚了，難道發生了什麼事嗎？曹太后正欲遣內宦去問詢，就聽見小宦官高呼：「皇上駕到！」

但見宋神宗未乘肩輦，自行快步過來，曹太后不禁問道：「我和你母后在此等候你多時了，約莫你下朝之後，也有許久了，怎麼現在方來？」

神宗臉上閃爍著喜悅的神情：「孩兒今天識得一位能臣，用他為相，必然能富國強兵，將來收復燕雲、掃滅西夏，也必勢如破竹！」

曹太后奇道：「這是何人？」

神宗道：「王安石啊！當年晉朝有個謝安石，百姓都說『安石不出，奈蒼生何』，如今上天又賜給我大宋一個王安石，這真是天道不虧，祖宗恩德啊！」

高太后突然臉色一沉：「王安石？就是那個整日蓬頭垢面，頭髮亂蓬蓬、衣服髒兮兮的怪人嗎？他大言炎炎，倔強無忌，我兒千萬不可為此人所誤啊！」

曹太后也說道：「當年，我聽你的祖父仁宗皇帝說過，當時召集群臣到御苑的魚池邊釣魚為樂，這王安石無心釣魚只是發呆還算罷了，結果他竟然拿起一盤魚餌吃了起來；如果只吃一粒還算罷了，他竟然把整盤魚餌都吃了，這分明是矯情嘛！所以仁宗皇帝一直不喜歡他，把他外放到州縣，不予重用。」

神宗為王安石開解道：「王安石他一心放在國事和學問上，在家裏吃飯時，也只是吃眼前那盤菜，至於他蓬頭垢面，也是無暇分心罷了。朕小時候讀書也曾忘了吃飯的時間，皇祖母不是經常讓小內侍來催嗎？還有一次，大熱天裏，朕讀書入迷，既沒有換衣服，也沒有招呼宮女來打扇，結果祖母見了心疼不已，還把內宦宮女們好一頓訓斥。所以，朕深知王安石並非偽詐之人，確實全心在學問上。此人全無奢欲，其妻曾為置妾，他卻根本不接受，如此不貪財不好色的官吏，百年少有啊！」

高太后輕蹙蛾眉，「哼」了一聲說：「這倒不見得，御史中丞司馬光也是這樣一位賢臣，聽說他久無子嗣，其妻為他買來一個侍妾要留在書房陪侍，被他正色趕走了呢！」

曹太后接過宮女遞過來的龍頭枴杖，問道：「這王安石，到底給你出的是什麼主意啊？」

神宗答道：「變風俗，立法度！朕要變法圖強！」

曹太后聽了，臉上驟然變色，把枴杖往地上一頓：「這可不行！祖宗之法，如何能輕易廢改？」

曹太后勃然大怒，嚇得宋神宗渾身一顫，他對這位祖母一直是尊敬有加，當下愣在那裏，不知說些什麼才好。

曹太后見他一副惶恐的樣子，突然意識到自己有些失態，自己輩分雖高，但神宗已經長大成人，執掌國政，他才是一國之君，自己不能凌駕於皇帝之上，在國事上任意擅專。想到這裏，曹太后溫言道：「法無常例，也不是絕對不能變，祖母就是怕你年少衝動，以致顛仆社稷，動搖國本。你有勵精圖治的志向，祖母很是讚許，只是要三思之後慎行。」

高太后在一邊幫腔說：「是啊，不能只聽王安石的一家之言，我大宋朝中有那麼多賢臣，比如司馬光等人，也要多聽聽他們的意見，都說兼聽則明、偏信則暗嘛！」

神宗點頭道：「母后說得對，朕明日就召司馬光來和王安石問對。」

五

晨星未退，東方欲曙。朝霞的輝光映在金釘朱漆、鐫鏤龍鳳的巍巍殿宇上，顯得格外瑰麗。

宣德門下，群臣集聚，等待早朝。

早朝才罷，宋神宗特意留司馬光和王安石在文德殿問話，這文德殿位於紫宸殿和垂拱殿之間，也是議論朝政之處。

司馬光和王安石沒說幾句，就各自疾言厲色、面紅耳赤地爭吵起來，司馬光怒斥王安石：「你所謂的變法圖強，只不過是搜刮民財、充實國庫罷了。天下之財，不在國則在民，你這樣做，無非是等於增加賦稅，百姓如果不堪重負，更會動搖國本，四海不寧！」

王安石憤然拂袖道：「君不懂理財之道！天下之財，天下之用，在於開源不在節流，只要新法推行得好，自然會多生財貨，天下錢賦又豈是定數？」

眼看兩位大臣怒目相對，幾乎要動起手來，宋神宗勸道：「兩位愛卿都是為了國事，談論是非罷了，何至於這樣呢！」

司馬光這才覺得自己有些失態，乞請告退，臨走時，依然氣憤難平地向皇帝說道：「臣與介甫，如同冰炭不可共器、寒暑不可共時。」說罷就拂袖離去。

神宗一時茫然無措，王安石勸道：「皇上明察，天下承平已久，士大夫們多是得過且過之輩，都願意安心享清福，不生事不多事。臣早就料定，新法推行，必然令群情憤然。《尚書》中記載，當年商朝的英明之主盤庚遷都時『民咨胥怨』，官員們都反對，百姓也是怨聲載道，但盤庚決意執行，殷商才有了後來的繁榮興盛啊！」

宋神宗低頭思量了一番，對王安石說道：「言之有理。朕不是不相信愛卿的籌策，只是太皇太后和太后都告誡我說要兼聽則明，朕不得不多問詢一下。」

王安石不便說太皇太后等人的不是，只是勸道：「皇上改行新法，必須雷厲風行，一旦推行，就休讓他人胡亂議諫，正如一個人寫字，幾隻手扯住他的袖子亂拽，哪裏能寫得好呢？自來英主賢臣，見識都遠超庸碌之輩，只聽他們的意見，如何能成非常之事，有非常之功？」

宋神宗一想也對，當下對王安石說道：「朕擬任命你為參知政事（副宰相），全力推行變法之事宜！」

神宗終於下了決斷，卻聽王安石回答道：「臣現在還不敢奉詔。」

神宗一愣，他原以為王安石聽到全力推行新法，必然會山呼萬歲，心情雀躍，誰知道事到臨頭，他竟然又臨陣退縮，這又是什麼意思？

神宗看到王安石一臉的堅決，聯想到先皇曾幾次徵召他入朝，他竟然堅辭不入，心想必然是事出有因，當下問道：「愛卿還有何顧慮？」

王安石臉上閃過一絲不易察覺的喜悅，對神宗說道：「皇上聖明，微臣正是有所顧慮。新法推行，雖由臣一人提議，但卻無法由臣一人推行，按原來的制度，要中書省群臣，尤其是宰相和副相集中商議後，方能頒行。但現在諸位宰相老的老，病的病，齊聚議事就難，加上人多議雜，一條政令推行就要耽擱月餘。新法施行，在於雷厲風行，就像攻城一樣，一鼓而下，方能成功。」

神宗頷首道：「卿言極是，依卿之見，又當如何？」

王安石朗聲說道為：「臣之新法，大體是理財治國，所以提議新設一個制置三司條例司，將天下財權悉歸此機構，政令出於該司，不再受中書省繁縟手續掣肘。再有一事，臣斗膽請皇上恩准。」

神宗道：「但言無妨。」

王安石道：「用人之選，甚為關鍵。想當年聖君帝堯與群臣商議選人治水，還曾經因誤用了鯀而壞了事，如今變法推行，選用的可不只是一人，群臣本來就對新法議論紛紛……」

神宗聽出王安石所說之意，當下揮了揮手說道：「愛卿不必說了，朕知道你的意思，這制置三司條例司中的人選，就由愛卿推選，這樣必然能如臂使指，上通下達，政令曉暢。」

王安石聽了，拜倒在玉階之下，說道：「皇恩隆重，臣一定鞠躬盡瘁，推行新法，富國強兵，不負聖望！」

六

王安石府上，吳夫人正望著牆角那兩株一紫一白的丁香樹出神。這是丁香花事最盛的時候，一團團丁香花散發醉人的幽香，吳夫人觀賞了一會，眉頭又鎖了起來。她每日都在擔心，夫君王安石那個倔脾氣，說不定什麼時候就惹怒了皇帝，得罪了同僚。韓愈「一封朝奏九重天，夕貶潮陽路八千」的故事，不見得不會重演。

這時廚子老劉一臉尷尬地來到吳夫人面前，訥訥地說：「小人無能，懇求告老而歸。」

吳夫人奇道：「這是為何？是身體不適嗎？還是家裏有事？」

老劉搖頭道：「不是。」

「是覺得受虧待了？還是有什麼難處？你儘管說出來，只要不是敗德違法之事，我盡可幫你。」

老劉的臉愈發紅了，連連搖手道：「夫人想錯了，夫人對老劉天高地厚，只是老劉自己不爭氣，現在做菜不行了。原來相公最愛吃我做的獐子肉，而有一天竟然一塊未動，想是我老糊塗了，手藝不行了。我昨天又仔細做了一盤，相公居然還是沒吃。唉，看來我不中用了，相府裏還留我這個廢人做什麼？」

吳夫人聽了，不禁啞然失笑：「你不知道，相公吃飯時，是哪一盤菜離他最近，他就專吃哪一盤。原來我經常吩咐把獐子肉放在他手邊，他就把這個菜吃得一乾二淨，而近日來，我看相公因為變法之事急躁，身上瘡疽多生，因此在他面前放了清淡蔬菜，於是獐子肉就一塊沒吃，此事並不怪你。」

老劉聽了，當下如釋重負，不敢再囉嗦，退了下去，自言自語地歎道：「相公真是奇人，吃飯時也在想事情，唉，要是俺老劉，非把腦袋想炸了不可……」

吳夫人正要起身，又見一個僕人來報：「門外有個姓苟的人，自稱是一個什麼州的通判，要求見咱們老爺。」

吳夫人聽了，吩咐道：「讓他前廳等候，奉茶。一會兒老爺回府，你把老爺先接到後堂用飯，然後見客，不然老爺和來客一聊，又不知是什麼時辰。」

僕人應諾而去。

七

吳夫人來到後堂，吩咐下人們擺好菜餚，卻見那個僕人一頭熱汗地跑來稟告：「小人該打，老爺的轎子一進前門，小人本想依夫人囑咐，讓轎夫直奔後堂，哪知那個苟通判竟然早早跑過來，一頭拜倒在老爺轎子前，活像攔轎告狀的樣子。老爺無奈，就只好下轎和他在前廳說話。」

吳夫人杏眼一瞪，想罵幾句，又覺得在僕人面前不好罵出口，於是揚了下手帕，讓這個僕人出去。見僕人出去了，她忍不住說道：「沒廉恥的貨，看來不是什麼好官。」

兒媳龐氏卻勸道：「母親休惱，父親肯定不會和這等人聊太久，肯定三言兩語就打發掉了。不會像上次那個呂惠卿，一來就聊起來沒完。」

龐氏是王安石愛子王雱之妻，溫柔美貌，端莊大方。吳夫人回頭望了她一眼，眼光盯著她隆起的小腹，說道：「說的是。不過我不是吩咐你不要過來忙乎，以免動了胎氣嗎？」

正說時，只聽王安石腳步聲響已近，龐氏連忙回自己的廂房中迴避。

吳夫人招呼王安石坐下，溫言問道：「剛才那個苟通判所求何事？」

王安石提起來猶自憤然不已：「這狗官不知從哪裏尋得一方石硯來獻我，說是寶物，對著這石硯一呵氣，就有滴滴水珠滲出，猶如泉湧。」

王安石接過僕人遞來的筷子，也不看菜餚是啥，就直接夾起來往口中送，一邊說道：「我就哂道：『就呵出一擔水來，又值幾個錢？』」

吳夫人聽了，不禁失笑。

王安石接著說道：「這廝見我不喜歡這石硯，就掏出黃金珠寶。原來他不知從何處得知我要執掌相權，新設制置三司條例司，想藉機謀個職位。我當即將這廝呵斥，回頭還要讓御史臺好生查訪一下，這人必有貪贓枉法之劣跡！」

吳夫人當下喜道：「相公要新設制置三司條例司，也就是說聖上恩准推行新法了？」

王安石臉上也閃出一絲喜色：「正是如此。」

吳夫人問道：「那相公準備用何人為臂膀呢？」

「集賢殿校勘呂惠卿。此人文思曉暢，才智不俗，我想提拔他到制置三司條例司擔當重任。」

吳夫人聽了，不禁勸道：「相公，我看那呂惠卿，雖然口若懸河，才辯過人，但他和你的談話，似乎是早就偵知了你的心意，然後一味順承著你來說的，這人心術如何，也不得不訪知。」

王安石道：「世上蜚短流長，何必介意。司馬光那個倔老頭就寫信給我，力陳呂惠卿是諂諛之士，說現在他一直順著我奉承，一旦我失了勢，他就會出賣我。這等言語不必理會，都聽他們聒噪，一事不可成。」

吳夫人不好再勸，便說：「今日欣逢喜事，可否允妾一件事。」

王安石有些詫異：「何事？」

吳夫人笑道：「相公又有二十來天沒沐浴更衣了，每次來勸，你都著惱，說是擾了你的思慮，誤了公事，今日權當休憩吧！」

見王安石沒反對，吳夫人就招呼僕人：「趕快備水燒湯，侍候老爺洗浴！」

熙寧變法——總把新桃換舊符

一

熙寧二年（一〇六九年）二月，宋神宗正式加封王安石為參知政事，設立了變法的新機構——制置三司條例司，讓王安石總領其事。王安石選任呂惠卿、曾布、蘇轍、章惇等人在這個機構中任職，共同草擬新法。

四月，王安石派遣劉彝、謝卿材、侯叔獻、程顥、盧秉、王汝翼、曾伉、王廣廉八人巡察諸路農田、水利、賦役的情況，為新法的制定做充份的調查研究。

五月，王安石建議以經義取士，經義和策論為主的基礎上，增加法科。他覺得過去只是把記誦詩書、寫詩作賦作為條件來選拔人才，士子不免對政事一無所知，以後國家要選拔真正有經邦濟世之志和真才實學的人才。

隨著新法一條條頒佈，大宋朝堂上議論紛紛，讓原來死氣沉沉的朝堂像炸開了鍋一樣。

六月份的這一天朝會上，天氣暑熱，人人大汗如蒸。司馬光見前朝名相呂端的孫子——御史中丞呂誨手執一沓厚厚的奏摺，還沒等他發問，呂誨就氣沖沖地說道：「今天我要彈劾一個人！你要是贊成，就和我一起上奏。」

司馬光問道：「你要彈劾何人？」

呂誨氣沖沖地道：「就是那個新任參知政事的王安石！」

司馬光雖然不贊同王安石變法的主張，但卻覺得呂誨這樣做未必有效，因為神宗皇帝剛剛任命了王安石為相，將財政大權交付於他，安能出爾反爾，只憑這一紙諫書就全盤改變呢？

司馬光覺得此時尚不是彈劾王安石的好時機，於是勸道：「朝廷方喜得人才，呂兄參他做什麼？」

哪知呂誨誤解了他的意思，當下一拂袍袖說道：「你竟然也如此說，想那王安石好執偏見，黨同伐異，他日敗國事者必是此人，這是心腹大患，我身為言官，豈能不言？算了，你既然不同意，那我老呂自己去皇上面前參他！」

呂誨也不等司馬光再做解釋，憤憤然入宮面聖去了。

果然，神宗皇帝看了呂誨的奏摺，只見上面痛罵王安石：「外示樸野，中藏巧詐，驕蹇慢上，陰賊害物」，又說什麼「究安石之跡，固無遠略，唯務改作，立異於人。徒文言而飾非，將罔上而欺下，臣竊憂之！誤天下蒼生，必斯人也！」當下就龍顏大怒，將呂誨的奏摺一把扔在了地上。

呂誨是個倔脾氣的人，雖見神宗震怒，卻還是傲然而立，當著群臣的面大聲說道：「王安石有十大罪狀，臣不能不言，不敢不說！」

神宗雖然氣惱，但也不能不讓他說完，於是問道：「你倒是說說，王安石都有何罪？」

呂誨口才倒是極為流利，當下說道：「陛下，先帝徵召王安石，他竟然屢聘不就，欺君慢上，這是第一條大罪；後來他沽名釣譽，貪爵圖進，見利忘義，這是第二條大罪；王安石不安君臣之分，侍講時竟然要坐下，屈萬乘之重，自居師尊，不識上下之儀，君臣之分，這是第三條大罪；為政期間，擅自更革，好名聲都歸了他自己，壞名聲都歸於皇上，這是第四條大罪；在判決登州民女阿雲殺夫之事時，王安石挾情壞法，徇私報怨，這是第五條大罪；王安石心胸狹窄，小惠必報，纖仇必復，賣弄威福，怙勢招權，這是第六條大罪；王安石任人惟親，將他弟弟王安國舉薦當官，還進用小人，這是第七條大罪；王安石惟肆強辯，欺凌同僚，氣死耿直老臣唐介，這是他的第八條大罪；他網羅朋黨，離間皇上與諸王之間的親情，是第九條大罪；而他為禍最深者，是奪取原來的三司財政之權，另立條例司，商榷財利，名為富國，實為攬權妄為，變祖宗之法，動搖天下之心，這是第十條大罪！」

神宗聽了，大為不悅，責問道：「侍講時是朕賜他坐下的，怎麼也成了罪名了？王安國確實有才，行事也規矩，怎麼也得罪你了？古人說內舉不避親，外舉不避仇，這又有何錯？另立條例司，推行新法，也是朕的意思，好個『變祖宗之法，動搖天下之心』，你這是在說朕？」

呂誨低頭道：「微臣不敢，這是說王安石……」

只聽呂惠卿開口駁斥道：「你說安石相公判決登州民女阿雲殺夫一事，是挾情壞法，徇私報怨，安石相公從來不認得阿雲，挾情壞法從何說起？難道安石相公和此女有私情嗎？安石相公又怎麼會和阿雲殺死的那個鄉野農夫有什麼仇怨，這徇私報怨，又有何憑據？」

呂誨一時語塞，當下滿臉通紅，汗出如漿。

卻見王安石神色泰然的挺身出列，對神宗皇帝說道：「陛下聖明，臣一心為國，天日可鑑，呂誨所奏，全屬惡毒構陷，若陛下有疑，臣請辭官歸田！」說罷，一把取下頭上的烏紗帽。

神宗溫言道：「愛卿何出此言，卿宵衣旰食，夙興夜寐，為朕籌劃勵精圖治、富國強兵之道，此時正是新政的關鍵時候，卿如何能棄朕而去？」

呂誨聽得此言，知道皇上還是信任王安石，當下怒道：「陛下信用奸佞之臣，臣請辭朝堂，誓不與王安石相見！」

神宗大怒，戟指呂誨道：「你——你是在要挾朕嗎？」心道，要不看你是個老臣，朕就要呼衛士當場拿你下獄。

眼見神宗臉色不善，司馬光忙勸諫道：「皇上息怒，呂誨雖然言語有些激動，冒犯了皇上，但他身為諫臣，自來言者無罪，如果他因言獲罪，只怕阻塞了言路啊！」

神宗把龍袖一揮，怒道：「退朝！」

二

沒過多久，朝廷一紙貶書下來，呂誨被貶出朝堂，到河南鄧州任職。諫官錢顗、劉述，殿中侍御史孫昌齡等人聯名上書，要求朝廷收回成命，結果神宗皇帝將他們一一免職。

王安石緊鑼密鼓地行動，新法又陸續推出。

七月，頒佈淮浙江湖六路均輸法。以薛向任發運使，總管東南六路的賦稅收入，掌握供需情況。凡羅買、稅收、上供物品，都可以「徙貴就賤，用近易遠」。原來宮中所用之物，各地按常例供應，並不管宮中是否需要，也不管各地是豐是歉，而一些巨商富賈，卻趁機囤積居奇，藉此贏利。因此現在由官府就近就廉來變易蓄買，從而節省費用，充實國庫。

九月，立青苗法。農民播種青苗時，往往是青黃不接、經濟極為貧困，而原來一些民間高利貸者就藉機大肆盤剝百姓。王安石決定由朝廷出資貸民，至秋收回本金，加息十分之二，或十分之三，歸還朝廷。這樣既可以減輕農民的負擔，還能增加朝廷收入。

制置三司條例司整日裏連篇累牘地處理公文，四處的報告雪片一樣傳來，官員們終日忙個不停，單是糊封公函，一天就要用掉一斗麵來做糊。時近黃昏，群鴉爭噪，庭前那棵古槐的葉子，隨著颯沓的秋風片片飄落。王安石不禁歎吟道：

萬事悠悠心自知，強顏於世轉參差。
移牀獨臥秋風裏，靜看蜘蛛結網絲。

吟罷，他連聲咳嗽，又喘個不停。

此時，發運使薛向小心地說道：「相公這些日不少動氣，加上勞心國事，以致憂思傷肺。屬下從河東來，尋訪得山西壺關上等的紫團蔘，此藥對於相公的喘病，最有奇效。我這就派人送到相公府上去。」

王安石忙搖手道：「萬萬不可。你身為發運使，是為國謀利，絕不可藉機謀得私利，尋訪的上等紫團蔘還是給宮中備用吧，安石不敢假公濟私，自損德行，也給反對我們的人留下話柄。」

薛向急切地說：「可是相公，這紫團蔘確實是對症的良藥，治哮喘病最有神效，凡事從權，不如……」

王安石不等他說完，就斬釘截鐵地說道：「我原來沒用過這紫團蔘，不也活到了今日嗎？此事決計不可再提！」

見王安石鐵青了臉，絕無二話的餘地，薛向不敢再多說，悄悄地退了出去。

王安石卻沒有馬上離開，而是坐在燈前深思。青苗法施行以來，不少朝臣紛紛反對，宰相富弼公開反對，被神宗皇帝罷了職，改派到亳州，但是富弼在當地拒不推行新法。已經致仕（退休）的歐陽修也上書，言辭激烈地要求「止散青苗錢」。最為讓他痛心的是，被他親手提拔到三司條例司的蘇轍，看起來是個十分沉穩誠實的青年，居然也強烈反對青苗法，自己不得不把他貶到河南去當個小小的推官。

這麼多人反對，難道我王安石真的錯了嗎？然而，如果因循舊規，那大宋朝豈不是要這樣衰敗下去？又如何能談得上富國強兵，又如何能談得上中興大業？那豈不是上負君王、下負黎民嗎？也許，這新法的實施，正如生育嬰兒時的腹痛，是一個新生命到來的必然過程。又如剜腐肉，治腫毒，施針砭，安有不痛之理？在這個關鍵時刻，自己一定要挺住，正如《孟子》中所說：「自反而縮，雖千萬人，吾往矣！」

想到這裏，王安石將桌案一拍：「就這麼辦！」

三

王安石才回到府上，僕人便稟告：「程顥大人在客廳等候您多時了。」

王安石來到客廳，只見身為御史的程顥起身相迎。程顥資性過人，修養有道，和粹之氣盎然於面，他今天特地來到王安石府上，想勸一下王安石不要對推行新法操之過急。

王安石也正為推行新法的事情煩惱，下面的不少官吏對新法陽奉陰違，拒不執行；

更有一些奸官滑吏，扭曲新法，藉機生事擾民。程顥勸道：「公性太急，正如大舟陷灘，百夫推挽不動，待得潮水漲來，自然泛流自如。新法之施，也要待機待時。」

正說著，王安石的愛子王雱踉踉蹌蹌地走了進來，一屁股坐在地上。只見他披頭散髮，手中還拿著一件女人的釵飾，沒等王安石開口，王雱就斜眼看向程顥道：「談論什麼事啊？」

王安石說道：「哦，如今朝堂上有很多人阻撓新法，我正和程大人商議對策。」王雱冷笑一聲，大聲說道：「這有何難？只要將韓琦、富弼這兩個糟老頭子的腦袋砍下，懸於街市，自然天下震動，新法可行。」

要知道韓琦和富弼都是德高望重的老臣，大宋開國以來，出名地禮遇士人，不殺士大夫，如今焉能因為這兩人不同意變法，就殺人立威？王安石聞言吃了一驚，當即叱責：「別胡說！」

程顥性子溫和，幾十年來，很少有人見他在公眾場合發過脾氣，但現在聽王雱這麼說，他還是有些氣憤，當下說道：「我在和你父親，也就是參政大人談論國家大事，家人子弟不得參與，你還是退下吧！」

王雱白了程顥一眼，但畢竟當著王安石的面，不好發作，只好悻悻地退回了後堂。

程顥見狀，也藉機告辭了。

王安石氣沖沖地回到後堂，卻見兒媳龐氏懷抱嬰兒，跪在吳夫人面前哭泣，不禁驚問道：「出了何事？」

吳夫人嘆氣道：「還不是咱家那個冤孽，兒媳這樣賢淑聰慧，又剛給咱們王家添了一個麟兒，可是雱兒竟然一言不合就對兒媳又打又罵，最不可忍的是，他竟然連小小的嬰兒也打，說這孩子根本不像他，是孽種。這不是污人清白嗎？」

龐氏一邊磕頭一邊哭著說：「妾身絕無玷瑕，不知為何夫君竟然見疑，若非有孩兒在抱，妾身情願自盡以證清白！」

吳夫人忙起身扶起龐氏：「你一直服侍在我身邊，做人清清白白，你的委屈我都知道。都是雱兒犯了瘋病，待你公爹去責罵他。」

王安石拂袖起身，來到後園，只見王雱倒在荷塘泥塗之上，渾身上下滿是黑泥。他對著枯荷的桿柄，揮舞著短劍，口中吟道：「馬盡雪亦乾，沙飛石更裂……不見去時人，空流磧中血……殺！殺！殺！」

王安石喝道：「孽子，還在胡鬧！」

王雱一怔，倒還認得父親，當下扔掉短劍，匍匐在污泥之中。

王安石訓斥道：「成何體統！你為何剛才胡言亂語，公然說要殺韓琦和富弼的頭，這話是能隨便說的嗎？你還欺負賢良的妻子，胡說什麼兒子不像你，這不是自取其辱嗎？」

只見王雱突然渾身痙攣，口中吐出白沫，發起病來。王安石驚慌之下，也不便再行責問，這時吳夫人也已趕到，忙命僕人：「快扶起雱兒，取熱水來讓他喝下，快請醫官來診治，快！快！」

王安石看著犯病的兒子，長嘆了一口氣，也無可奈何。

四

十一月，又有新法頒佈，是為農田水利法。朝廷下令鼓勵墾荒，興修水利，費用由當地住戶按貧富分派，不足部份向州縣貸款，取息一分。一州一縣不能勝任者，可聯合若干州縣共同興建。新開墾的荒地，五年不納稅。

農田水利法頒佈後，全國共修水利工程達一萬多處，澆灌民田三十六萬多頃，官田兩千頃，河南、河北、陝西、山西等地的很多鹽鹼地、沙漬地，都改造為良田沃土。又試用淤田法，讓河流中的淤泥流入農田。經此法改造，許多貧瘠的鹼鹵之地改造為肥腴之田，僅開封府一地的淤田，就增產糧食兩百萬石。

熙寧三年（一〇七〇年）十二月，一年一度的新春佳節將至。冬日的太陽紅彤彤地掛在天空，並無一絲暖意，倒像是凍紅了的臉蛋，但東京城的大街小巷，到處張燈結綵，人流湧動，街市上商賈雲集，貨攤上擺著形形色色的貨物，空氣中瀰漫著鞭炮和煙火的硝磺味，還夾雜著一些殺雞宰魚的腥氣，人們摩肩接踵，都忙著置辦年貨。

就在這時，王安石又得到一個喜訊，宮中傳來旨意，拜王安石為同中書門下平章事、史館大學士。這下王安石當上了名副其實的宰相。

朝中大小官員聽了，紛紛前往王安石府中道賀。哪知王安石將宅門緊閉，門外連個僕人也沒留，官員們個個摸不著頭腦，掃興而歸。

吳夫人望著書房中端坐的王安石，勸道：「相公，你新任宰相，卻緊閉大門，將道賀的官員都擋在門外，是不是有點不近人情了？」

王安石卻將眼一翻，揮手道：「這些繁文縟節的事情，我素不喜歡，若是放他們進門道賀，我這一天的時光就白白浪費了。他們有什麼話好說的，無非是諛辭如潮，說些陳年濫調的頌祝之詞，有這工夫，為何不在我頒行新法時多出點主意，多盡些心力？」

吳夫人知他執拗，也不再勸，只是命丫環在他身邊放了一盞茶，就悄悄退了出去。

王安石端坐在交椅之上，怔怔地望著門外的天空，經過一夜北風的吹蕩，如灰絮一般的霧靄都已不見了，碧空如洗過一般，看上去格外清爽透徹，那一輪紅日漸漸來到了中天，照耀得大地一片光明。

王安石沉吟了一會兒，將狼毫湖筆醮飽墨汁，懸肘奮筆寫下一首七言絕句：

爆竹聲中一歲除，東風送暖入屠蘇。
千門萬戶曈曈日，總把新桃換舊符。

五

王安石主政後，新法得以全面推行，先後頒佈的新法，大致有以下內容：

經濟方面：

一、農田水利法：派官員到各州縣中去考察，研究興建農田水利的方法，開墾荒廢的農田，疏浚溝渠，無論官吏還是百姓，都有興修水利的義務，不准隱漏逃匿。

二、均輸法：設發運使，總管東南各地的賦稅收入，以「徙貴就賤，用近易遠」的原則來控制成本。杜絕了不根據地方實際情況一味強徵的弊政，抵制了大商人囤積居奇、盤剝百姓的現象。此法期望官府設立的機構能擔負起平抑物價，合理調控物資的功能。

三、青苗法：農民播種青苗時，往往青黃不接，十分困頓，不得不受高利貸者盤剝，現由朝廷出資借貸給百姓，秋收時償還，加息十分之二，或十分之三（較之高利貸商人，低了很多）。

四、免役法：鑑於百姓苦於當差的現象，把人民分成數等，按收入多少繳納免役錢，繳錢後，免徵勞役，由官方出資再另行聘任無職業者充當役夫。

五、市易法：在京師裏設置一個叫市易司的機構，專門收購市場上滯銷的物資，商人可用產業或金銀作抵押，向市易司賒購貨物進行販賣，半年或一年後，加息一分或二分，歸還市易司。（一〇七六年，僅開封的市易司收得利息和市例錢就達一百三十三萬貫，一〇七七年又得一百四十三萬貫，這相當於全國夏秋兩稅收入的十分之三。）

六、方田均稅法：以東南西北各一千步算作一方，重新丈量田地，分五等定稅，通過清丈土地、核定稅額的方法，糾正了原來「詭名挾佃」、「隱產漏稅」、「產去稅存」等現象，杜絕了「天下田賦，輕重不等」的弊病。

軍政方面：

一、保甲法：是古時民兵制度，組織民戶自保和互保，十家為一保，設保長一人，五十家為一大保，設大保長一人；十大保為一都保，設都副保正各一人。保長由「有心力」的人擔任，都副保正則由其中家財最富的人擔任，讓所有的保丁貯弓箭、習武藝。保甲法先在開封府地區實行，後推行到全國。

二、保馬法（保甲養馬法）：軍馬原來是依靠政府的牧監飼養，開支大，負擔重，而且經常不能滿足需要。保馬法規定凡五路義勇保甲願養馬的，每戶一匹，富戶可養兩匹，政府分配給馬匹或給錢自行購買。每年檢查一次馬的肥瘠情況，馬死掉了，要賠償。養馬戶可使用馬，如用馬「襲逐盜賊」，但一般不得超三百里。

新法推行以來，國家財賦空前充足，對外軍事行動也卓有成效。熙寧七年，王韶在王安石的支持下，大破西蕃，收復失地兩千餘里，斬獲敵部一萬九千餘人，招撫蕃族三十餘萬帳，將宿敵西夏的臂膀切斷。

捷報傳來，大宋朝堂中一片歡騰，宋神宗親手解下所佩的玉帶送給王安石，說道：「當時出兵河湟，很多人懷疑阻止，只有愛卿力主出兵，才贏得今天的這份功業。現在朕賜給你這條玉帶，就是旌表愛卿的功勞。」

皇帝親賜玉帶，這在當時是無比光榮的事情，所以王安石謙遜推讓道：「河湟之役，是皇上慧眼獨具，提拔王韶，我等都是奉旨行事，不敢獨當此功。」

神宗皇帝說道：「話不能這樣說，當時朕也一直猶豫，要不是你力排眾議，支持此事，焉有今日的功勞？這條玉帶賜給你，你收好後，傳給子子孫孫，將來能夠成為咱們君臣知遇的證明。」

王安石不好再推辭，只得謝恩後收下。

天變人懼——氣力但為憂勤衰

一

正當王安石身居相位，全面推行新法時，朝廷上下，卻形成了一股反對新法的洶湧暗流。

新法的施行，侵犯了不少人的私人利益，比如宋神宗皇后的父親向經。他一貫藉權勢中飽私囊，而市易司一設立，擋了他的財路，他便幾番寫信給市易司官員，請求通融，結果沒得逞。曹太后的弟弟曹佾也十分痛恨市易司，他賒買人家的樹木賴賬不還，卻讓皇宮中的內臣化名誣告市易司。此外，向經和曹佾經常在神宗面前說新法的不是。

還有一些人明裏暗裏抵制新法。這一天，王安石剛剛從府中出來，就被一大群操著山東口音的百姓攔住。這夥人神情激昂，為數眾多，看起來有上千人。

當先一人是個白髮蒼蒼的老者，他顫巍巍地跪倒在地：「相爺開恩，求相爺廢了新法，罷了助役錢吧！」

這「助役錢」是新法中免役法的一則。衙前的差役本來是輪流服役，是一種攤派性的勞役，現在改為民戶向官府交錢，由官府僱人服役。

王安石說道：「這免役法，本來是為了免除大伙服役之勞繁，讓願意種田者可以安心種田，願意當差者可以當差度日，有何不好？聽說很多百姓都懼怕當差，這免役法又有何不好？」

只聽那些百姓鼓噪說：「這助役錢實在是交不起啊！而且交了錢後，官府出錢太少，哪有人願意去當差，還是不免被攤派，這助役錢豈不是白交了嗎？」

王安石愈聽愈怒，當下問道：「不是低等民戶不必交這筆錢嗎？你們是哪個縣的，長官是誰？」

那些百姓答道：「相爺，我們沒有聽說這回事啊！我們是山東東明縣來的，縣令是賈蕃。」

「你們為何不向賈蕃申訴？要知道聚眾上千在京城鼓噪，大失體統！若不是念你們也有疾苦在心，本相定要治你們一個聚眾作亂之罪！」王安石憤然說道。

那些百姓紛紛跪倒在地說：「相爺開恩，我等來此，正是賈縣令讓我們來的，他說只有大夥兒一起到京城攔住相爺的馬頭申訴，才有希望廢行新法！」

「豈有此理！」王安石心頭火起，原來是這個賈蕃在背後鼓動，這事非查不可。他當下對百姓說，賈蕃是在扭曲新法，事後一定還大家一個公道。眾人才紛紛散去。

王安石入宮之後，宋神宗就問道：「聽說有上千人攔住你的馬頭，鼓噪生事，到底是為何？」

王安石答道：「是范仲淹的女婿賈蕃，不但扭曲新法，還故意唆使百姓生事，臣請徹查此人。」

神宗默然不語，過了一會兒，才點了點頭。

二

王安石出了宮，急令開封府偵辦此事，立即派人到東明縣將賈蕃帶來對質詢問。哪知差人到了東明縣，卻發現賈蕃早已不在。原來老臣文彥博早已下了調令，將他調到了進奏院任職。

此時的賈蕃，正被文彥博用豐盛的酒宴招待。文彥博說道：賈老弟這一招真是絕妙，連天子都驚動了，朝堂上也紛紛議論，說王安石的新法不得人心。」

賈蕃捧著酒杯笑道：「這黑臉王安石得罪了太多的人，翰林學士范鎮、御史劉頒、蘇軾、蘇轍兄弟，都被他趕出了朝堂，連我的妻兄范純仁，也因為不支持新法而被罷黜。不過，他不可能把所有的官都罷掉，我們這些人，對他的新法很多都是陽奉陰違。歐陽修大人在青州堅決停止發放青苗錢，像陳留縣的姜潛，將青苗法的告示放在縣城門三天，然後放鄉下三天，做做樣子就撤榜，百姓都還沒明白是咋回事呢，實際上根本就不施行。還有的，就像我這樣，故意激起民憤，比如王廣廉在河北，就強行攤派青苗錢，不想貸也得貸，沒田的住在城裏的人也得貸，於是百姓氣憤不已，都罵王安石，哈哈！」

文彥博笑道：「做得好！老夫再趁機聯合韓琦、司馬光等人，一起上奏，罷了王安石，廢了新法！」

當時，正好華州發生了地震，文彥博趁機上書給皇上：「近來華山崩壞，正是天意示警，皇上不能再用王安石的新法亂政了！」

一貫反對新法的司馬光也對神宗說：「施用新法，雖然暫時財賦豐足，但不出十年，就會出現民間連富戶都財力匱盡的局面，然後一有水旱災害，或者四夷來侵犯，就會出現百姓羸弱者填於溝壑、強壯者揭竿造反的局面。當年的陳勝吳廣、赤眉、黃巾都是這樣。」

神宗聽了，心下躊躇不定，滿心愁緒退朝而歸。

神宗回到宮中，換上便裝，看見自己的兩個弟弟趙顥和趙頵前來探問。他們見宋神宗悶悶不樂，於是說：「皇兄，想你未登大寶之時，我們兄弟經常一起蹋球為樂，何等快意！如今有了君臣之分，卻無法像原來一樣暢快了！」

宋神宗一聽，憶起當年和兄弟們揮汗如雨，在球場玩耍的日子，也是怦然心動，當下說道：「有何不可？今日咱們就沒有君臣之分，再痛痛快快地踢上一場球！」

當下侍從們趕快鋪下紅氈，又趕緊弄了淨水灑掃球場，這球場剛剛修整過，反覆用石碾壓得鏡面般平整，又遍澆了麻油，即便是天乾不雨，也不起灰塵。

神宗笑道：「你們原來經常輸給我，今天出什麼獎賞啊！」

趙顥說道：「小弟有件蜀錦新袍，雖然比不上宮中之物，但夏天穿了，倒是十分舒適。」

趙頵說：「我新得了一個巧嘴鸚哥，可以供皇上一觀。」

神宗笑道：「我的利品可不尋常，是當年後蜀之主孟昶府庫中的鎮庫之寶。」說罷吩咐內監：「取我的七寶玉帶來。」

哪知趙顥、趙頵卻突然跪下說：「我等贏了這場，情願不要獎賞，只求皇上廢了新法。」

神宗聽了，勃然色變：「國家大事，安能作為賭賽的利品？算了，球也別踢了，朕回宮去了！」說罷，一拂袍袖，就自顧自地離開了。

哪知，回到宮中，點亮燈燭，他又看到已遠調為河北安撫使的老臣韓琦寫來的一封奏章，請求罷行青苗法，說得很是慷慨激切。神宗不禁感慨：「這韓琦已是年邁老臣，卻還心繫社稷，也是一片忠心啊！」於是歎息良久，方才入睡。

三

第二天上朝，宋神宗召輔政重臣入延和殿議事，當下說道：「韓琦在外不忘王室，真忠臣也。朕以為青苗法是惠民之舉，哪知道有些地方變成了害民之行！有些地方甚至連不種田的城裏人也要強行借貸青苗錢，這不是蠻不講理、盤剝百姓嗎？」

王安石聽了，氣得滿臉泛紅，慨然說道：「如果能達到富國強兵的目的，就算有些小的失誤又有什麼？漢朝桑弘羊刮取天下貨財是為了人主的私利，而我朝行的是周公遺法，抑豪強、扶貧弱，取財也是為了興利天下，這又有何不可呢？」

宋神宗一時沒了主意，躊躇不定。王安石氣憤難平，當下告退離開。見王安石走了，宋神宗又對另外幾位大臣說：「青苗法既然不當，不如下旨罷行？」

三朝元老曾公亮說道：「此事還需慎重，待臣等細細訪察，果然弊端極多，再下旨罷行。」

神宗聽了，覺得有理。回宮後，他也派兩個內監到京城附近的州縣去察訪民情，瞭解青苗法的利弊。

王安石告退之後，回到府中，心中愈想愈氣，於是託病不上朝。宋神宗見王安石多日不來朝中，只好讓他的副手呂惠卿暫時代理。

這天朝罷，宋神宗悶悶不樂地問道：「朕那次要罷行青苗法，只是對事不對人，王安石為什麼這樣生氣，竟然連日不上朝理事？」

王安石的好友韓絳說道：「陛下如果決意推行新法，非要有王安石不可。至於有人謗議王安石，這也很正常，古時的聖人孔子、賢人子產，一開始主持政事時，也都有人毀謗，所以陛下如果堅持留下王安石，待得新法生效、天下富強時，必然是眾口稱頌呢。」

恰好，出去巡訪的兩個內監也回來了，向宋神宗匯報說：「所訪的幾個州縣，青苗法推行後，百姓無不交口稱頌，人人歡喜。」原來這兩人深知神宗的脾氣，聽得新法可行，便生歡喜，所以雖然兩人察訪的情況說好說壞的都有，但兩人一合計，覺得還是說青苗法好，皇帝會更高興。果然聽兩人這樣一說，神宗龍心大悅，當下賞賜兩人金帛器玩。

老臣文彥博見韓琦的奏疏沒了動靜，不禁又追問宋神宗，再彈青苗法害民之類的論調。

宋神宗怫然不悅，說道：「朕親自派兩名內監去調查過了，都說青苗法施行以來，百姓歡悅。」

文彥博白鬍子亂顫，滿臉漲紅地說道：「皇上寧願信任兩個內宦，卻不信任韓琦這樣的三朝老臣嗎？」

宋神宗心中大怒，但文彥博畢竟年高德劭，是個重臣，不便當面加責，當下不說話，只是一臉怒氣地望著他。

文彥博當然知道觸怒了皇帝，當下只好自找臺階，告退出宮。

四

哪知諫院中又冒出來個叫唐坰的，此人本來是因父蔭得官，後來賜進士出身。一開始看王安石很得勢，於是大肆鼓吹新法，並說要立新法必先殺幾個人立威才好，但後來和王安石要官不成，又轉而銜恨。

這一天，唐坰找人來算卦，算卦先生裝模作樣地持籌畫算一番，然後取了一張卦影給他，只見這張畫上一個人穿著金邊紫袍，手拿一張弓，一箭射落一隻山雞。

唐坰追問到底是何寓意，卜卦人只是說「天機不可洩露，此後自知」之類的套話。

這幾天，唐坰見王安石數日不曾上朝，心下暗自盤算：「這王安石生於辛酉，想必就是畫中這隻雞，拿弓箭的，就是我了？只有射落了王安石，我才能穿上紫袍？對，就是這個意思。」

有了「天意」做支持，唐坰愈發膽大包天。於是這次朝堂之上，唐坰忽然越眾而出，聲稱要彈劾王安石。他用公鴨嗓高聲叫道：「臣彈劾王安石作威作福，一手遮天，令天下只知有王安石，不知有皇上。」他轉頭盯住副宰相王珪說：「像你，唯唯諾諾，簡直就是王安石的奴才！」

「還有大臣元絳、薛向、陳繹，王安石對他們頤指氣使，也和家奴一樣。朝中的張琥、李定都是王安石的爪牙，臺官張商英是王安石的鷹犬。王安石這個人，違背了他的意思，雖賢也視為不肖，依附他的人雖不肖也視為賢！」

宋神宗見他牽涉朝臣極多，愈說愈不像話，幾番制止，可唐坰還是大聲嚷道：「這王安石，就是唐朝的大奸相李林甫和盧杞那樣的人！」說罷，憤然告退。

宋神宗氣得渾身哆嗦，命人降旨把這個唐坰貶出朝堂，發往廣州當個管軍資庫的小官。唐坰偷雞不成反而蝕米，這才領悟：「原來卦像之中被射落的雞，不是王安石而是我啊！」

五

王安石這幾日不來上朝，並非完全因為負氣託大，而是家中確實出了件事。

這天，王安石剛剛退朝而歸，卻聽著內院中一片哭聲，忙找來吳夫人詢問。吳夫人眼睛紅腫，對王安石哭訴：「雱兒這個孽障醉酒之後，對他媳婦龐氏又打又罵，還要打才滿週歲的兒子，結果小寶寶被活活嚇死了！」

王安石怒不可遏，當下提劍就要去尋王雱，吳夫人拚死攔住，勸道：「雱兒這孩子神志不清，犯了瘋病後自己也不知道幹了什麼，現在他也痛悔得不得了呢！」

王安石豈不知道王雱的病情，當下擲劍於地，仍氣憤難平。過了一陣，他對吳夫人說：「你把兒媳龐氏找來。」

只見龐氏哭得梨花帶雨，王安石嘆道：「我們王家實在是對不住你，兒媳你受委屈了！王雱實在不是個東西，你還是另尋佳偶吧！」

龐氏哭道：「兒媳並未犯七出之條，為何落得這樣的下場？」

王安石溫言道：「兒媳你誤會了，我並非是要把你休出家門，而是要把你嫁出家門！我們夫婦認你為義女，從今天起，你不再是王家的兒媳婦，你是我王安石的女兒。我給你物色一個好人家，再給你豐厚的嫁妝，把你嫁出去，希望你後半生夫婦和美，伉儷相諧。」

龐氏哽咽著，一時說不出話來。

沒過多久，王安石果然替龐氏選了一個才貌出眾的官宦子弟，將她嫁出家門。一時間，街頭巷尾，傳為奇談。

六

從熙寧六年（一〇七三年）開始，大宋遇上了百年不遇的災害。次年河北、河東、陝西、京東西、淮南諸路久旱不雨，糧食絕收。河塘池沼盡皆乾枯，甚至連人畜飲水也有困難。

福無雙至，禍不單行，長期的天旱不雨，讓蝗蟲有了侵襲的機會，那鋪天蓋地的飛蝗到處肆虐，見什麼啃什麼，把本來就因乾旱而稀疏的草木莊稼啃得一乾二淨。

宋神宗心急如焚，令各地的地方官專門匯報當地的雨情，身為密州知府的蘇軾寫道：「臣所領密州，自今歲秋旱，種麥不得，直至十月十三日，方得數寸雨雪，而地冷難種，雖種不生，比常年十分中只種得二三。」

這時候，攻擊王安石的聲音又甚囂塵上：「都是因為王安石謬行新法，禍亂天下！」

「王安石曾狂言『天變不足畏，祖宗不足法，人言不足恤』，這是觸怒了上天啊！」

「調燮陰陽，是宰相的職責，這是宰相有了過失，天意來示警！」

「只要罷免了王安石的宰相之位，必然天降甘霖！」

……

宋神宗被這些流言弄得神魂不定，先下了一道罪己詔，命宮中裁撤豐盛的宴席，不穿奢侈的華服，又多次在郊廟社稷及宮觀寺院向上天祈禱，然而心急如焚的他還是看不到效果。

這天，宋神宗召來王安石問道：「如今天下大旱，是不是我們執政有什麼過失啊？」

王安石昂然答道：「水旱之災乃是常有的事，就連堯帝、商湯那樣的明君在世時也難免會有。陛下即位以來，已是累年風調雨順，五穀豐登，就這兩年有了些旱災，又有什麼奇怪的？陛下不必擔心，只要做好我們的事，天災必然可以克服。」

神宗歎息道：「唉，這可不是小事，朕所恐懼的，正是因為我們沒有把事做好，所以上天才示警啊！」

王安石默然不語，宋神宗見王安石神情憔悴，兩鬢的白髮似乎又多了不少，當下長嘆了口氣，起身回宮去了。

七

熙寧七年（一〇七四年）三月，夜色深沉，整個京城都在熟睡之中。突然，巍峨的宮門外傳來了一陣急促的馬蹄聲，然後宮門前的鼓聲隨之響起。這是有緊急邊情的訊號。除非有重大的事件或軍情，絕對不會有人在這個時候打擾皇帝的。

寢宮中，寶鼎餘香裊裊，宋神宗獨臥在錦帳牙床之上，望著搖曳不定的金字紅燭出神。只聽小宦官稟告：「啟稟聖上，銀臺司有馬遞奏來，不得不驚擾聖駕。」

宋神宗一聽，也是非常吃驚，難道邊關有了緊急軍情？他慌忙起身，接過小宦官遞過來的奏章，打開看時，卻發現並非是邊關軍情，而是一個看城門的小吏叫鄭俠的，謊稱有緊急邊情，私自發「馬遞」直達宮中。

這奏疏是個長卷，神宗緩緩展開，只見上面畫的是一幅《流民圖》，畫上的百姓一個個衣衫襤褸，瘦骨嶙峋，他們扶老攜幼，背井離鄉來到京城逃荒要飯。他們有的撲在地上嚼草根，有的去剝樹皮吃，有的幾個人搶一碗粥飯，還有的就在年幼的兒女頭上插上草標，打算賣掉換兩個錢，有的人已經倒斃在路旁，成為一具具餓殍。與之形成鮮明對比的，是一群膀大腰圓的悍吏，他們滿臉橫肉，手拿皮鞭對著百姓抽打，將他們驅出京城……

宋神宗沒等看完就流下淚來，再看鄭俠的奏章中寫道：「去年就有蝗旱之災，麥苗焦槁，到處顆粒無收，希望陛下開倉賑濟災民，廢行新法。臣只是個監守城門的小吏，但圖中所畫的，都是臣每日所見，好多人只看到臣畫的畫，就忍不住啼哭，何況真實的情景還要慘過圖畫很多倍！臣知道職位卑小，這才冒死謊稱有緊急軍情，發馬遞上奏。如果陛下按臣的建議，廢除新法，撫恤百姓，十日之內再不下雨，那就請陛下把臣押到宣德門外處斬，以正欺君之罪。」

神宗讀罷，不勝感慨，鄭俠只是一個小吏，而且原來還是王安石推薦上來的，現在為什麼甘冒欺君的罪名，畫圖進諫呢？可見形勢已經到了什麼地步！

這件事情也驚動了太皇太后曹氏和高太后，她倆向神宗說：「千萬不能再施行新法了！」

神宗默然點頭，當晚輾轉吁嗟，徹夜難眠。

第二天一上朝，宋神宗就讓內監頒旨：「開封體放免行錢，三司察市易，司農發常平倉，三衛具熙河所用兵，……青苗、免役權息追呼，方田、保甲並罷。」

王安石一大早見皇帝把新法中的諸多重要事項一一廢止，不禁驚愕異常。退朝之後，王安石來到延和殿，向神宗問道：「聖上何故罷行新法？」

神宗長歎了口氣，說：「你認識鄭俠這個人吧？」

王安石一怔，隨即答道：「此人和我有師生之誼。臣守母喪回江寧時認識了這個後生，他為人樸實好學，後來我曾舉薦過他，不過他一直對新法有所非議，甘願當個門吏之職。」

宋神宗從袖中取出鄭俠的奏疏以及那幅《流民圖》，遞給王安石道：「愛卿自己看吧！」說罷長歎了一口氣，離開了延和殿。

王安石留在延和殿中，看著這《流民圖》，一時百感交集：「我一心推行變法，就是為了讓國家富強，百姓安樂，為什麼變成了這種狀況？為什麼？」

他的胸口，彷彿被一個大鐵錘狠狠地砸了一下，又痛又悶，幾乎喘不過氣來。他呆立在這冷冷清清的大殿之中，一動不動，活像一尊石刻的雕像。

八

次日，王安石上表，請求辭去宰相職務，一如既往，宋神宗下旨挽留。

然而，王安石再次上表，懇求回鄉養老。宋神宗心知王安石此時不宜再留在朝堂，只好下旨准許，改封王安石為吏部尚書、觀文殿大學士，去江寧府任職。

離開京城的王安石，回頭望著汴梁城高大的城樓，心中百感交集，七年前，他懷著滿腔的熱情走了進來，要實現扶濟天下蒼生的夙願，然而，現在卻帶著愁悶的心情黯然離開。個人的名位其實無關緊要，可自己這麼一離開，新法的命運堪憂啊。雖然神宗皇帝用呂惠卿替代他的職務，又用韓絳為助手，這兩人都是王安石的追隨者、堅定執行新法的人，當時一些守舊的人譏諷韓絳是「傳法沙門」，呂惠卿是「護法善神」。然而，自己親力親為，變法的航船還不時擱淺，如今神宗的態度已然動搖，新法還能貫徹下去嗎？

一路上飢餐渴飲，曉行夜宿。這一天，王安石從旱路登船，沿江到了瓜洲。傍晚時只見兩岸碧草青青，朗月高懸，輕風吹來，王安石不禁心潮如湧，他取過紙筆，揮毫寫下〈泊船瓜洲〉：

京口瓜洲一水間，鍾山只隔數重山。
春風又到江南岸，明月何時照我還。

寫罷，王安石看了看，搖頭道：「到」字不好！於是揮筆改為了「過」。吃罷飯，再看此詩時，王安石又把「過」字圈去改為「入」，改來改去，王安石突然拍手大笑道：「好，這個字好！」

吳夫人問道：「什麼字這麼好？」

王安石笑道：「想了半天，終於找到一個安穩的字了，這就是『綠』字，春風又綠江南岸，好！」

兩度罷相——誰似浮雲知進退

一、

王安石離開朝堂之後，天性奸邪的呂惠卿「一朝權在手，便把令來行」，暴露出他的真實面目。司馬光早就看出他是個十足的小人，王安石的弟弟王安國也曾當眾譏諷過他，可王安石當時卻被呂惠卿的偽裝所迷惑，認為他是真正支持新法、能為變法出力的人物。

呂惠卿掌權之後，馬上打擊報復原來和他不睦的人。他指使親信章惇尋找曾布的過錯，將他逐出朝堂；又追究鄭俠私發「馬遞」、詐稱有軍情的事情，並聲稱他是受朝中大臣馮京和王安國的指使，將這二人也罷黜貶謫。

同時，呂惠卿又大肆提拔自己的親信，將自己的弟弟呂升卿、呂和卿以及小舅子方希覺都推薦到朝中當官。

這天，呂府中張燈結綵，在新落成的後花園中大擺酒宴。這花園在呂惠卿攝政之後剛剛擴建修成，東、北、西三面由馬蹄形的假山環抱，南面的正門，是一個匠心獨具的假山石洞，由這石洞入門之後，迎面是一塊巨大的太湖石，石渦重疊，孔洞勾連，高達數丈。

花園正中有一池塘，荷花正在競相開放。呂惠卿命人在摛花亭上擺上酒席，把呂升卿、呂和卿以及小舅子方希覺都約來赴宴。一時間，各種山珍海味絡繹不絕地送上席來，還有一班歌姬在席間輕歌曼舞，勸酒助興。

只見呂惠卿吃得面紅耳赤，舉杯嚷道：「那黑臉漢（指王安石）如今貶出朝堂，以後這朝中大權就是咱們呂家的了！」

呂升卿、呂和卿和方希覺都紛紛附和：「望大哥再度高昇，官居一品！」

呂惠卿三角眼一翻，吐出口中的魚刺，說道：「這朝中，還是有很多刺啊！」

呂升卿說道：「咱們一個個收拾，凡是沾邊的人都弄到監獄裏去。最近我們辦鄭俠案，就連原來宰相晏殊的小兒子晏幾道也牽連進去了。這樣自然人人惶恐，不敢和咱們做對……」

「辦得好！」呂惠卿又乾了一杯美酒，接著說：「這樣還不夠。王安石之所以能當上宰相，大權在握，主要是討得皇上的歡心。皇上為什麼用他，主要就是為了斂財，王安石的新法能弄到錢，皇上自然喜歡。」

呂和卿眼珠一轉，有了壞主意，當下說道：「既然如此，咱們就再立一條新法，叫『手實法』，施行以後，必然能大大增加財賦，皇帝的府庫給裝得滿滿的，豈不歡喜？」

聽了此話，幾人一齊發問：「這『手實法』是什麼意思？」

呂和卿晃著腦袋，得意洋洋地說：「咱們讓所有百姓都評估一下自己的家產，房子、田產、牲畜、家禽之類都算上，然後按五分之一徵收稅錢。」

方希覺打了個飽嗝，結結巴巴地說道：「這——這不見得能成吧？百姓肯定會虛報、少報，朝廷哪有那麼多的官吏一一查實？」

呂和卿臉露猙獰之色：「如果有人作弊隱瞞，我們可以再加上一個規定，讓他們互相舉報，如有隱瞞，就沒收全部財產，舉報者可以得三分之一。」

呂惠卿奸笑道：「好，這主意好，看哪個刁民敢不交足稅錢！」

不久，「手實法」就在全國各地推行，以致民怨沸騰，而且呂惠卿的鼓勵告密制度，令鄉中奸猾之徒趁機生事，一時間雞飛狗跳，鄉民們互相告訐，訟事不絕。

在密州任知府的蘇軾，目睹這一切後，上書給韓絳，說現在推行「手實法」，不但盤剝百姓，而且嚴重敗壞了社會風氣，讓本來樸實忠厚的百姓互相提防互不信任，這絕非是治天下之根本，也和天子教化黎民的宗旨相違背，他堅決要求廢除「手實法」。

韓絳是個具有正義感的官員，他感覺呂惠卿愈來愈囂張跋扈，他的種種做法，並不是堅持新法，而是破壞新法在人們心中的形象，這樣下去，會徹底失去民心。

於是他在燈下寫了一封奏章，密呈給神宗皇帝，請求讓王安石回到朝中，重新主持政局。

二

眼看到了冬季，一個烏雲滿天的日子裏，神宗皇帝悶悶不樂地和群臣一起到郊廟祭天。

典儀方罷，宋神宗忽然歎了口氣，隨口說道：「也不知王安石現在如何？」

韓絳答道：「王安石現在江寧，每日以讀書為樂，對國事也很是憂心。」

呂惠卿唯恐宋神宗又起召回王安石之意，馬上進讒言：「王安石年過五十五，也該頤養天年了，皇上要是念他舊日有功，不如加封他為節度使，參同宰相的級別。」

呂惠卿的意思是給王安石加封一個虛銜，從而斷絕他重新執政的管道。

哪知神宗皇帝並不糊塗，他一眼就看穿了呂惠卿肚裏的詭計，當即斥責道：「節度使一般都是用來安置那些有過錯的官員，王安石離開朝堂並不是因為有過錯，為什麼給他這個官銜？」

呂惠卿當下神色尷尬，汗出如漿。

呂惠卿弄巧成拙，反而堅定了宋神宗召回王安石的決心，第二天，神宗就派人帶了詔書去江寧召回王安石。

王安石接到詔書，不禁喜色滿面，忙對吳夫人說：「快點收拾行裝，咱們要回京城去啦！」吳夫人也是又驚又喜，忙令僕人們趕快收拾東西，準備路上的盤纏和食物，僱車備轎，準備啟程。

王安石坐在廳上，見吳夫人指揮僕人將一張籐床抬上車，當下阻攔道：「夫人，這張籐床不是咱家的東西，是借江寧官府的。」

吳夫人柳眉一豎：「一張小小的籐床，又不是貴重之物，還分什麼官家的私家的？」說罷，她扭頭走到後堂，收拾別的東西去了。過了約莫一盞茶的工夫，吳夫人回來一看，王安石正坐在那張籐床上看書呢。王安石頭髮多日不洗，衣服經旬沒換，吳夫人當下惱恨地說：「你這是成心的吧，算了，這張籐床不能要了，就你這身味兒，我還怎麼往這上面躺？」

王安石「呵呵」一笑，像個惡作劇的頑童一般，僕人們都想笑卻不敢笑出聲來，心道：「咱們的拗相公在朝堂上神色凜然，人人害怕，連皇上也讓他三分，原來也有這樣的神態啊！」

別不多述，王安石星夜兼程，很快就回到了朝堂，再執相權。

三

然而，此時的朝堂，形勢已非昨日。

呂惠卿固然對王安石百般排斥、心懷叵測，而韓絳由於一度執掌大權，嘗過權力滋味的他，也不願意和以前一樣，事事聽命於王安石。

這一天，在金殿之上，王安石和韓絳就當場發生了衝突。

王安石奏道：「現在市易司的官員並不懂真正的實務，不知買賣次第，所以不宜再留任，應該換成劉佐這個人。」

韓絳當即反駁：「劉佐？這個人原來犯過錯誤被貶了職，怎麼還能再用他？」

王安石道：「有了錯誤，難道就不能戴罪立功嗎？市易司很多業務，非熟悉者不能辦，這七八萬貫的場務，沒有能幹的人，根本難以運轉啊！」

要是放在過去，韓絳可能就不再爭執了，但他掌握大權之後，脾氣也隨即長了不少，當下憤然說道：「這是在破壞國家法度！」

宋神宗見兩人爭得面紅耳赤，於是說道：「都是為了國事，何必動怒呢！要不這樣吧，讓劉佐暫時辦理這些事務，如果他真的辦得好，再正式封他這個官職。」

然而，韓絳卻不滿意了，他不滿的說：「要是這樣的話，臣無法立足於朝堂了，臣請辭去現在的職位！」

宋神宗當下勸慰道：「韓愛卿，何必如此置氣，這只不過是一件小事嘛！」

韓絳仍然不平地說：「聖上請看，就這樣一件小事，介甫都不能容我做主，何況是大事？我在這裏也就是個擺設，還不如遠到下面的州縣去做官，為朝廷做點實事，我意已決，請皇上恩准。」

第二天，韓絳果真上表，要求外放到許州。王安石聽了，忙上表請求皇帝依照韓絳的意思，免了劉佐，另換他人。但韓絳和王安石之間嫌隙已生，無法彌合，韓絳最終還是離開了朝堂。

韓絳一直是王安石的得力助手，如今離開了朝堂，王安石就更加孤單了。

四

而此時的呂惠卿對王安石愈發忌恨，千方百計地找機會陷害王安石。

呂惠卿深受王安石的恩惠，正是王安石一手將他提拔到這個位置的，二人有師生之誼。呂惠卿曾厚顏無恥地說：「我自小讀儒家的書後，知道孔聖人是最值得尊敬的；讀佛家的書後，覺得佛祖也是很值得尊敬的；但如今我才認識到，只有王安石才真正是我尊敬的，可以做我的老師的。」

然而，這時候的呂惠卿卻露出邪惡的本相。

這一天，呂府的一個密室之中，燈影幢幢，呂惠卿正和兩個兄弟計議，目標只有一個：扳倒王安石！

呂惠卿捋著鬍鬚，氣急敗壞地說道：「王安石還真是塊又臭又硬的石頭，我不信就扳不動他！」

呂升卿說道：「曾公亮說過，皇上和王安石簡直就是一個人，扳倒他，有點難啊！」

此言一出，呂和卿就反駁道：「你休得長他人志氣，滅自己威風，現在皇帝對王安石可不像從前了。」

然後呂和卿又放低了聲音，悄悄說道：「現在正有一樁大案，是宗室趙世居的謀逆案，這個人是本朝太祖的子孫，皇帝一向對他十分猜忌，如今有人揭發他私藏圖讖，意圖謀反，這大獄肯定是要興起來了。」

呂惠卿卻道：「據我所知，這趙世居和王安石平素並無交往，如何能牽連到他的頭上？」

呂和卿笑道：「人嘛，彼此之間互有關係。王安石固然和趙世居沒有關係，但有一個叫李士寧的道士，這傢伙四處攀關係，是趙世居那裏的常客，王安石那邊也去過，我們不如將此人定下謀逆的重罪，到時候王安石自然也要被牽連！」

呂惠卿奸笑起來：「這個主意好！自來謀逆大案，沾上就要賠上半條命，王安石曾經親筆寫過〈寄李士寧先生〉的詩篇，賴也賴不掉。如果把李士寧定為謀逆的主謀，這王安石就算是塊巨石，也要給砸個粉碎！」

五

不久，李士寧謀逆的種種證據都送到宋神宗面前，然而，宋神宗卻有意淡化此事，不想牽連到王安石，只將趙世居處死，李士寧判了杖脊後發配湖南編管。

呂惠卿狗急跳牆，赤膊上陣，親自寫了奏章詆毀王安石，說：「王安石摒去賢人，和奸人為黨，經常移怒行狠，違抗法令和規章，欺蒙皇帝。」但宋神宗看了，卻沒有任何表態。

這一天，宋神宗在散朝之後，專門將王安石留在偏殿中賜茶。神宗臉上露出意有所指的神色，說道：「呂惠卿這個人，不是真心助你的，你以後可要留意啊！」

王安石當時一直忙於事務，對呂惠卿背後這些小動作根本沒有覺察，聽了這番話，王安石略帶驚訝地說：「不知道呂惠卿有什麼不好的地方？」

宋神宗說道：「呂惠卿嘛，此人忌能、好勝、不公，實在不是個賢人。」

王安石還完全蒙在鼓裏，替呂惠卿申辯道：「他雖然有一些缺點，但確是個人才，陛下不要以一點小瑕疵就帶有成見，這樣他會不安於位，不能夠塌下心來為國效力。」

宋神宗從袖中拿出一紙奏章，遞給王安石道：「愛卿自己看看吧。」說罷就起身回後宮去了。王安石拿過來一看，原來正是呂惠卿彈劾自己的奏章。那些惡意誣蔑的字句，彷彿是一支支帶著毒液的利箭，射到王安石的心中，他不禁暗自發問：「我對他一片赤誠，為什麼他要這樣誣蔑我？」

宋神宗既然還是堅決支持王安石，呂惠卿的命運就可以預料了。不久他被逐出朝堂，貶到陳州。然而，惱羞成怒的呂惠卿最後還反噬一口，他把以前和王安石來往的信件，選了有「無令上知」（不讓皇帝知道）之類的話的，呈給皇帝，來離間宋神宗和王安石之間的感情。

當時，王安石和呂惠卿推行新法時，有些方案只是討論，尚未成熟，所以他不想讓宋神宗過早地知道，避免一些過程中的反覆。但這些私下裏商量的事情，卻給了呂惠卿足夠的把柄，他說這是王安石故意欺君瞞上。

這件事，果然給宋神宗和王安石君臣之間製造了不少的嫌隙。宋神宗對王安石不再像以前那樣言聽計從了，新法的推行也是時斷時續。王安石嘆道：「就像煮一鍋粥飯，剛要燒開，又加上一瓢涼水，這怎麼能成？」

福無雙至，禍不單行，王安石的愛子王雱在此時因病而逝。一時間，王安石哀悔不已，五十六歲的他，已是白髮蒼蒼，心力交瘁。

這一天，宋神宗突然問王安石：「聽說愛卿想辭去相位，再回家鄉？」

王安石有些愕然，隨即答道：「臣年老力衰，早有去意，但陛下一直堅留，所以沒敢請辭。」

宋神宗呷了一口茶，笑而不語，神情很是耐人尋味。

王安石心中雪亮，這是皇帝想要自己辭位了，是該離開了。對於權位，他沒有絲毫的戀棧之情，只是他這一去，新法的推行必然半途而廢，然而，這不是他能左右的了。

「時來天地皆同力，運去英雄不自由」，王安石望著高大巍峨的宮門，回頭吟出這首唐人舊作。這是他此生最後一次望見皇宮的大門。

回到家中，王安石隨即就寫了表章請辭。和以往不同，這次神宗很快下旨：封王安石為鎮南軍節度使、同平章事，判江寧府。

歸老鍾山——茆檐相對坐終日

一

蔣山青，秦淮碧。江寧府的東門外，多了一座半山園，這就是王安石的居處。然而，這個名叫白塘的地段十分荒僻，所謂的半山園也並非滿是亭臺樓榭的園林，只有幾間簡陋的房屋，甚至連院牆也沒有。

在出京城前，神宗皇帝特意賜給王安石一匹寶馬，然而這匹馬出產於北地，到了濕熱的江南，不適應當地的氣候，很快就病死了。於是王安石出行時，經常是騎一頭毛驢在山野間閒逛。

這一天下午，正是秋老虎的天氣，暑熱並未全消，鍾山林間的幽靜小道上，倒是有清風習習。提刑官李茂直讓僕役抬了竹轎，一隊兵卒呵斥開道。忽見有一老卒牽著一頭瘦驢，驢上一位老人正在自顧自地看書，兵丁於是吼道：「山鄉野人，沒長眼睛嗎？沒見提刑大人到了，還不趕快迴避！」

豈知這老卒昂然答道：「有眼不識泰山的奴才，你可知道這位是誰？這是朝廷封為鎮南軍節度使、同平章事的王大人，比你家提刑官要大好多級，還不趕快來參拜！」

兵卒將信將疑，慌忙報知李茂直。李茂直倒是知道王安石正在江寧隱居，當下慌忙來拜見。王安石下了驢，就和他坐在路邊敘話。

李茂直的左右忙替他搬來交椅，王安石卻只有個隨身帶的杌子，李茂直頗有些過意不去，當下說道：「相公如今年邁，遊山最好讓人用肩輿抬著，這樣既安穩，又自在。」

王安石卻淡然一笑：「能用牲畜的力氣，還是用牲畜好，我為官幾十年，最不喜轎子肩輿之類，我覺得大家彼此都是人，自己省了力氣，卻苦了別人，於心何安？」

李茂直臉上一紅，於是改變話題：「相公每日遊山，興致不淺，不知道今天欲去何處尋幽訪勝？」

王安石尚未作答，那個牽驢的老卒卻開口了：「相公遊山，才沒個計較。路不好時，就讓老漢牽著驢走，路好的時候，相公就讓驢自己走，老漢就跟著驢走，走哪算哪。相公累了，或者走到風景好的地方，就停下來歇息，有時候遇到寺院，也進去遊覽一番。」

李茂直暗暗稱奇，又問道：「那相公如何飲食？」

王安石笑道：「囊中有餅十餘枚，我們餓了就吃，吃不了就餵驢，有時候遇見田家炊飯，也跟著吃一頓。」

李茂直歎息道：「相公如今真可謂隱居田間，名利不縈於心了。」

不多時，太陽轉到了西邊，直曬在兩人身上，李茂直的手下慌忙張傘，遮住了他，卻沒有顧及王安石。李茂直當下叱道：「沒看到相公正在被日頭曬著，怎麼只顧我這邊，不顧相公？」

王安石擺手謝絕道：「不用，不用，假若來世轉生為一頭牛，不但常被日頭曬著，還要下力耕田呢！」

李茂直當下愕然，想不出什麼話來應答，卻聽王安石說道：「老夫僻處山林，久不聞政事，不知朝中又有何新鮮事？」

李茂直答道：「相公，其他倒也沒什麼，皇上還是維持新法，司馬光屢次上表要求廢除新法，皇上不許。再就是蘇大鬍子這傢伙倒了大楣，這廝仗著自己有點文墨，竟寫詩諷刺朝廷，現在被逮起來關進了烏臺（御史臺，審查官員的機構），皇上十分震怒，恐怕不久就要人頭落地了。」

王安石驚問道：「你說的可是蘇子瞻（蘇軾字子瞻）？」

李茂直說道：「是啊，這人一貫反對新法，忤慢相公，如今淪為待宰之牛、就湯之雞，哈哈！」

沒等李茂直笑完，王安石突然作色道：「豈有盛世殺文士之事乎？蘇子瞻雖然狂妄，但只是個吟風弄月的文士，當年以魏武帝的陰狠猜忌，尚且不殺禰衡。不行，我要立刻上表給皇上。」

說罷，王安石就起身騎上驢匆匆離開了。

道旁，剩下一臉迷茫的李茂直，他疑惑道：「這王相公不是和蘇軾是死對頭嗎？怎麼現在聽說蘇軾要被殺，他這樣心急？這可真讓人想不明白了。」

二

回到家中，王安石急忙提筆寫了一封奏章，勸宋神宗萬不可對蘇軾處以極刑。寫罷之後，才將女兒寄來的書信打開。王安石的愛女嫁給現任宰相吳充的公子，現在留在京城汴梁，和江寧有千里之遙。只見信中有一首詩：「西風不入小窗紗，秋氣應憐我憶家。極目江南千里恨，依前和淚看黃花。」

王安石讀罷，不勝唏噓，然而隔了一會兒，他平息下心情，想到還是應該勸女兒更樂觀一些，於是提筆在回信中寫道：

孫陵西曲岸烏紗，知汝淒涼正憶家。
人世豈能無聚散，亦逢佳節且吹花。

吳夫人看他寫完了給女兒的回信，說道：「呂惠卿的母親去世了，奔喪時要路過金陵，他託人傳話，說是想要登門賠罪。」

王安石嘆道：「算了，這個人雖然曾經助過我，但是後來我終於認清了他的面目。如今我不再怨恨他，但也不想見他。你就和他說，安石已是衰老垂暮之年，一切恩怨已了，不如相忘於江湖。」

說罷，王安石一聲長嘆，趁著月色緩步出門，來到半山園北面的一個土堆前，傳說這裏是東晉謝安的故宅遺址，人們喚作謝安墩。那句「安石不出，奈蒼生何」，就是說的謝安。

此時，明月如金鉤一般掛在湛藍的天幕上，四處靜悄悄的，草叢中不知什麼蟲子在嘤嘤鳴叫。王安石在夜風中佇立良久，吟道：

謝公陳迹自難追，山月淮雲祇往時。

一去可憐終不返，暮年垂淚對桓伊。

三

元豐五年（一〇八二年），西夏發生內亂，宋神宗以為可以趁此機會一舉將其滅掉，於是派五路大軍去討伐，結果遭遇了永樂城大敗。王安石聽到這一消息，憂心如焚，不久就病倒了。

昏黃的油燈之下，吳夫人坐在床邊不停地落淚。王安石已經昏睡兩天多了，吳夫人一直守著他，終夜未能闔眼。

突然，王安石醒轉過來，他望了望床前的吳夫人，氣若游絲地吩咐道：「這半山園和周圍置下的幾百畝田地，都捐出去吧，半山園改為佛寺，田地充作寺產。」

吳夫人哽咽著說道：「不要忙著囑咐這些事，你還是安心養病吧。」

正在此時，忽聽有人傳報：「相爺、夫人，皇帝派了宮中的御醫來江寧，專程給相爺診病。」御醫急匆匆入內，給王安石診了脈後，搖頭說：「相公是急累攻心，加上外感風寒所致，本來並不難治，但相公年事已高，還需要小心調養。」開了藥方之後，御醫又說道：「相公住處離城較遠，求醫問藥不太方便，還是移居城中為好。」吳夫人點頭道：「也好，相公正要將此地捐為佛寺，我等就到城中賃一處院落居住吧。」

過了半月，王安石病情好轉，於是舉家搬到江寧城內的秦淮河畔居住。

四

元豐七年（一〇八四年）四月，樹頭花落，綠草如茵，蘇軾從黃州改任到汝州，中途要路過江寧。他寫信告知王安石，想要見上一面，談論一下詩文。王安石知道後，早早就騎驢到江邊迎候。

蘇軾在舟中望見江邊一個身著舊衣野服的老者，頭戴斗笠，倚著驢子正在等候。他定睛一看，這竟然就是身為左僕射、觀文殿大學士、荊國公的王安石。他急忙來到船頭，深深一揖，這才想起自己的帽子都忘了戴，身上也沒有穿官服，當下抱歉地說：「學生今日可失禮了，竟然衣冠不整來參見相公。」

王安石笑道：「禮儀豈為我輩所設？我等都是不拘於禮法的人。」

蘇軾也狡黠地一笑：「是啊，學生玩世不恭，相公門下可不用我這樣的人。」

王安石不禁沉吟起來，蘇軾這樣的人天真爛漫，直言無忌，卻是一片赤誠之性，和呂惠卿那樣的陰險小人絕對不同，當年我識人用人，是不是也有一點偏頗呢？

蘇軾見王安石低頭不語，當下轉換話題，說道：「不知相公近日得田園山林之樂，有沒有絕佳的詩作？」

王安石笑道：「我閒來無事，倒是寫了幾首小詩，嗯，這一首就是昨天剛寫就的：茆簷長掃淨無苔，花木成畦手自栽。一水護田將綠遶，兩山排闥送青來。」

蘇軾一聽，擊掌叫好：「相公此詩，尋常字句中藏著典故。這『護田』和『排闥』，看似尋常字眼，卻都是典故，不但都是典故，還都出自《漢書》。」（註：「護田」出於《漢書．西域傳》：「自敦煌西至鹽澤，往往起亭，而輪臺渠犁，皆有田卒數百人，置使者校尉領護。」是講漢代時開發西域，以駐軍屯田的事情；而「排闥」出於《漢書．樊噲傳》：「黥布反時，高帝嘗病，惡見人……噲乃排闥直入，大臣隨之。」）

王安石聽了，笑道：「這首詩中的小心思，瞞得了別人，可瞞不了你，不過老夫早就聽聞你在黃州寫的〈念奴嬌・赤壁懷古〉一詞，真是橫絕當世，氣壓百代啊！」

蘇軾謙遜道：「學生在黃州，也經常聽人傳唱相公的〈桂枝香・金陵懷古〉一闋：『千古憑高對此，謾嗟榮辱。六朝舊事隨流水，但寒煙芳草凝綠……』」

兩人說說笑笑，一起來到了王安石的宅院中閒坐。蘇軾見王安石書案上墨跡斑斑，滿是紙箋，四壁床前，書冊狼藉，於是打趣道：「相公如今還在攻書溫經嗎？難道還要再試科舉？」

王安石笑道：「老夫閒居無聊，正在整理一本書，叫作《字說》，我覺得先人造字，大有講究，其中內外左右、邪正上下，各有深義，和伏羲八卦、文王周易也有相通之處，其中妙趣多多。」

蘇軾翻看了幾眼，便問道：「學生自號『東坡』，這『坡』字如何解說？」

王安石說道：「坡者，土之皮也。」

蘇軾聽了，拍手笑道：「那『滑』字就是水之骨了？」

王安石不禁皺眉，心想這蘇軾心思機敏，慣於挑刺，這還真不好解釋。當下王安石說道：「子瞻你聰明機敏，我對於『鳩』這個字研究了許久，這個字從『九』從『鳥』，有什麼說道嗎？」

蘇軾笑了起來，有些調皮地說：「《詩經》中說『鳲鳩在桑，其子七兮』，七隻小鳥，和爹娘一起數來，恰是九個。」

王安石聽了，不禁啞然失笑，說道：「你這個人啊，就是喜歡開玩笑，沒半點正經！」

蘇軾歎道：「學生吃這個虧也太多了，只不過積習難改。」

當下，兩人又談詩論禪。拋棄了政見的不同後，以文人身分交往的王安石和蘇軾，漸漸心靈相通，彼此歎服。蘇軾感歎：「從公已覺十年遲。」王安石也歎息說：「不知再過幾百年，才能有蘇子瞻這樣傑出的文壇巨擘。」

送走了蘇軾，江寧城迎來了暑熱的夏季，王安石所居的小院中溽熱難耐，只好命人織蘆編竹、折松架櫟來遮陽，僕人都感歎說：「相公權重位尊，為何在此窄隘之地居住，我看城裏的七品小官，都有水邊亭榭乘涼……」

沒等他說完，王安石擺手道：「聖賢何常施，所遇有伸屈。曲士守一隅，欲以齊萬物。況且我如今年高力微，不能為朝廷效力，還一直食國家俸祿，已是慚愧，豈能有他求乎？」

五

永樂城大敗之後，宋神宗的精神受到巨大打擊，雖然他年僅三十七歲，按說正在盛年，但因為心理壓力過大，身體健康每況愈下。

元豐七年（一〇八四年）秋天，宋神宗正在舉行一個大宴群臣的儀式。宋神宗舉起酒杯，正要說些鼓舞群臣的勉勵之語，忽然間身體一晃，手中端著的酒全灑在了龍袍上，接著口歪眼斜，暈厥過去。

慌得群臣們忙喚來御醫診治，御醫皺眉道：「皇上這是中風之症，著實凶險，臣等無能，只能盡力而為。」

從此以後，宋神宗就纏綿於病榻之上，經常說不出話來。到了第二年（一〇八五年）的三月，宋神宗溘然長逝。其母高太后歷經仁宗、英宗等朝，深有謀略，於是火速立他十歲的兒子趙煦為新皇帝，是為宋哲宗，朝中大事都是由高太后主持。

王安石在千里之外的江寧城，得知宋神宗去世的消息，心中湧起無窮的沉痛。此時他的眼前又浮現出當年宋神宗趙頊那張年輕又充滿陽光和熱情的臉，彷彿還在不斷地追問：「愛卿，治國之道，以何術為先？」

又想起他多次犯顏直諫，宋神宗總是虛心接納；偶爾違拗了他的主張，身為九五之尊的宋神宗竟然有一些拘謹和愧疚的神情。

對於不斷稱疾罷工的他，宋神宗竟然多次勸慰：「此非卿不能為朕推行，朕須以政事煩卿……」

甚至，宋神宗怕他猜疑自己不再受到信任，竟然發誓一般地說出這樣的話：「朕無間於卿，天日可鑑……」

想到這些，王安石不禁老淚縱橫，提筆寫下輓詞：

城闕宮車轉，山林隧路歸。

蒼梧雲未遠，姑射露先晞。

玉暗蛟龍蟄，金寒鴈鶩飛。

老臣他日淚，湖海想遺衣。

王安石深知，他雖然罷相還鄉，新法雖然屢經修補，只要宋神宗還在位，便能依舊維持推行；而宋神宗一駕崩，自己和皇帝辛勞多年的變法，必將毀於一旦！

果不其然，一貫反對新法的高太后執掌大權後，立刻召回了隱居多年的老臣司馬光，新法的樓閣馬上就被拆除：

元豐八年（一〇八五年）七月，廢除保甲法。

十一月，罷方田均稅法。

十二月，市易法與保馬法也相繼廢除。

次年（一〇八六年）三月，罷免役法。

六

王安石聽到自己辛辛苦苦實行的新法一條條被廢止，不禁心如刀割，但他涵養極好，只是撫床長歎，並不出言評論。但聽說免役法也要在五日之內廢止後，他再也忍不住，一拳捶在書案上，憤然說：「難道這一條也要廢除嗎？」

吳夫人見他神情激憤，臉如巽血，不禁勸道：「相公，不在其位不謀其政，如今朝廷換了人，你想管也管不了，何必再動怒傷身呢？」

王安石還是氣憤難平，說道：「這免役法是我和皇上討論了兩年多才頒行的，所有的細節都考慮到了，沒有什麼弊病啊！」

說罷，王安石只覺胸中熱血翻湧，一下子就昏倒在地。

元祐元年（一〇八六年）四月，又一個煦暖的春天來了，然而王安石卻再也沒有力氣走進鍾山，去細數落花，緩尋芳草，飽覽這一年的春色了。懷著愁悶和失落的心情，王安石永遠地合上了他的雙眼，就此長眠在鍾山腳下，終年六十五歲。

—王安石生平簡表—

一〇〇四年（宋真宗景德元年）

閏九月，契丹大舉攻宋。十二月，真宗至澶州（今河南濮陽），宋遼議和立澶淵之盟。自此契丹與宋一百一十四年間無戰爭。

一〇一三年（大中祥符六年）

丹麥國王八字鬍斯文率軍擊敗英格蘭國王愛塞烈德二世，自稱英格蘭國王。

一〇一九年（天禧三年）

契丹與高麗議和，結束持續二十六年的高麗契丹戰爭。

契丹女真族海盜入侵日本北九州，日本稱為刀伊入寇。

一〇二〇年（天禧四年）

宋真宗病重，由劉皇后（劉娥）攝政，功績顯赫，史書稱其「有呂武之才，無呂武之惡」。

一〇二二年（乾興元年）

宋仁宗趙禎繼位，劉太后垂簾聽政。

一〇二三年（宋仁宗天聖元年）

北宋政府發行世界上第一種由政府發行的紙幣：交子。

寇準卒。

一〇二五年（天聖三年）

波列斯瓦夫一世加冕為第一位波蘭國王，正式建立波蘭王國。

一〇三三年（明道二年）

宋仁宗親政。

一〇二一年（宋真宗天禧五年）

十一月十二日出生於臨江軍（今江西清江）。

一〇三三年（宋仁宗明道二年）

父親王益因母喪回到撫州臨川，王安石隨行參加祖母的葬禮。

一〇三七年（景祐四年）

宋朝發佈科舉應試用的《禮部韻略》。

圖赫里勒・貝格在內沙布爾建立塞爾柱土耳其帝國。

基輔大公智者雅羅斯拉夫開始興建聖索菲亞主教座堂。

一〇三八年（景祐五年）

党項族首領李元昊脫宋自立，國號大夏，自稱西夏皇帝。

一〇三九年（寶元二年）

宋夏戰爭爆發。

亨利三世成為德意志皇帝。

一〇四二年（慶曆二年）

宋增歲幣與契丹議和。

西夏於定川砦（今寧夏固原）大敗宋軍。

丹麥統治英格蘭時代的末代君主哈德克努特卒。英格蘭擺脫丹麥人的統治。

一〇四三年（慶曆三年）

慶曆新政，范仲淹九月上《答手詔條陳十事》，進行慶曆新政。

一〇三九年（寶元二年）

父親王益在江寧（今江蘇南京）任上去世，葬於江寧，王安石就此安家江寧。

一〇四二年（慶曆二年）

登楊寘榜進士第四名，簽書淮南判官。

一〇四五年（慶曆五年）

宋仁宗下詔廢棄慶曆新政，發起人范仲淹和富弼被撤去軍政要職。

一〇四六年（慶曆六年）

亨利三世加冕為神聖羅馬帝國皇帝。

一〇五一年（皇祐三年）

遼興宗同意西夏的議和，結束第二次遼夏戰爭。

一〇五四年（至和元年）

詔封孔子後為衍聖公。

東西教會大分裂：基督教正式分裂成希臘正教與羅馬公教。

一〇五七年（嘉祐二年）

緬甸蒲甘王國阿奴律陀興兵南征，攻真臘、羅斛、滅直通王國。

一〇四六年（慶曆六年）

自臨川赴京，不求京官之職，知鄞縣。

一〇五一年（皇祐三年）

通判舒州（今安徽潛山）。

一〇五四年（至和元年）

自舒州赴京，特授集賢校理，辭不受，九月除群牧司判官。

一〇五七年（嘉祐二年）

五月，改太常博士，知常州。

一〇五八年（嘉祐三年）

二月，任提點江東刑獄。十月回京，任三司度支判官。

一〇六一年（嘉祐六年）

亞歷山大二世成為第一任經由樞機主教選舉產生的教宗。

一〇六三年（嘉祐八年）

宋英宗繼位。

契丹耶律重元發動灤河之亂，平定後耶律乙辛被任命為北院樞密使，進封魏王，從此權傾朝野十餘年。

一〇六五年（治平二年）

科舉制度從這一年起定期開考，三年一科，之後為明、清二朝所沿襲。

英國倫敦西敏寺建成。

一〇六六年（治平三年）

契丹改國號大遼。

法國諾曼第公爵威廉一世征服英格蘭，建立了英國歷史上的諾曼第王朝。

一〇六七年（治平四年）

夏惠宗繼位。

一〇六一年（嘉祐六年）

為工部郎中、知制誥，糾察在京刑獄。

一〇六三年（嘉祐八年）

三月，仁宗（趙禎）崩，英宗（趙曙）立。八月，母吳氏逝於京師，十月歸葬江寧。

一〇六七年（宋英宗治平四年）

正月，英宗崩，神宗（趙頊）立。詔以故官知江寧府。九月，召為翰林學士。

一〇七一年（熙寧四年）

北宋西夏熙河之戰，王韶在洮河流域，收復熙、河、洮、岷、疊與宕州等地，建立熙河路並威脅西夏右廂地區。

王安石實行募役法。

塞爾柱帝國從法蒂瑪王朝奪得耶路撒冷。

一〇六八年（宋神宗熙寧元年）

四月，自江寧入京。神宗詔越次入對。

一〇六九年（熙寧二年）

二月，以諫議大夫參知政事。頒行均輸法、青苗法、農田水利法等。

一〇七〇年（熙寧三年）

拜同中書門下平章事、史館大學士。立保甲法。

一〇七二年（熙寧五年）

行市易法、保馬法。

一〇七三年（熙寧六年）

提舉經義局。九月，熙河大捷，神宗解身上玉帶賜之。

一〇七四年（熙寧七年）

三月，行方田均稅法。四月，以吏部尚書、觀文殿大學士出知江寧府，新法遭遇首次挫折。

一〇七五年（熙寧八年）

二月，復拜同平章事、昭章館大學士。

六月，進加左僕射，兼門下侍郎。

一〇七六年（熙寧九年）

六月，子雱卒。

十月，罷為鎮南軍節度使、同平章事、判江寧府。回江寧隱居。

一〇七五年（熙寧八年）

越南李常傑和宗亶分兵兩路，水陸並進進攻宋朝，爆發宋越熙寧戰爭。

一〇七七年（熙寧十年）

李乾德向宋朝奉表求和，而宋軍疫病流行，死者大半，遂同意撤兵，宋越熙寧戰爭結束。

遼國北院樞密使耶律乙辛誣陷太子耶律濬謀反。

阿努什的斤成為花剌子模總督，被視為花剌子模王國創建之年。

一〇八〇年（元豐三年）

楊義貞弒大理皇帝段廉義，自立為帝，因高昇泰受其父高智昇之命滅楊義貞，擁立段壽輝為大理皇帝，改元上明。

一〇八四年（元豐七年）

諾曼人羅貝托·吉斯卡爾洗劫羅馬城三天，造成了巨大的破壞。

一〇八六年（元祐元年）

白河上皇開啟院政政治。

一〇八七年（元祐二年）

宋哲宗設泉州市舶司、密州市舶司（今山東青島）。

一〇七八年（元豐元年）

正月，進尚書左僕射，封舒國公。

一〇八〇年（元豐三年）

九月，加特進尚書左僕射、門下侍郎，改封荊國公。

一〇八四年（元豐七年）

乞以宅為寺，賜名「報寧」。

一〇八五年（元豐八年）

三月，神宗崩，哲宗（趙煦）即位，高太后垂簾聽政。新法先後廢罷。

一〇八六年（宋哲宗元祐元年）

四月初六，病逝於江寧，贈太傅。

一〇八八年（元祐三年）

波隆那大學建校，是歐洲歷史最悠久的大學。

一〇八九年（元祐四年）

蘇軾在杭州，時浙西飢荒，他奏請五十萬石救災。又疏浚西湖，以工代賑，築長堤，人稱蘇公堤。

嗨！有趣的故事

王安石

責任編輯：苗　龍
裝幀設計：盧穎作
著　　者：石繼航

出　　版：中華教育
　　　　　香港北角英皇道 499 號北角工業大廈一樓 B
電　　話：(852) 2137 2338
傳　　真：(852) 2713 8202
電子郵件：info@chunghwabook.com.hk
網　　址：http://www.chunghwabook.com.hk

發　　行：香港聯合書刊物流有限公司
　　　　　香港新界荃灣德士古道 220-248 號荃灣工業中心 16 樓
電　　話：(852) 2150 2100
傳　　真：(852) 2407 3062
電子郵件：info@suplogistics.com.hk

版　　次：2022 年 10 月初版

規　　格：16 開（210mm×148mm）
I S B N：978-988-8758-21-0

本書繁體中文版由中華書局授權出版

Hi! Story

Hi! Story

Hi! Story